Biblical Hebrew
Step by Step

Volume 2

Third Edition

Biblical Hebrew Step by Step

Volume 2

Third Edition

לִקּוּטִים מִסֵּפֶר בְּרֵאשִׁית

Readings from the Book of Genesis

Menahem Mansoor

Baker Book House
Grand Rapids, Michigan 49506

First edition issued 1959
Revised enlarged edition issued 1979
Third edition issued May 1984 by Baker Book House with permission of copyright
owner

Printed in the United States of America

All readings from the Book of Genesis are taken from *Biblia Hebraica Stuttgartensia*
(© 1967/77 Deutsche Bibelstiftung Stuttgart) and are used by permission.

PICTURE CREDITS

The Cleveland Museum of Art, 4; George Daffin Cope, 159; Israel Office of Infor-
mation, 37; Museum of Art & Archaeology, University of Missouri-Columbia, 17,
118; Nelson Fund, 80, 105, 142; The Oriental Institute, University of Chicago, 68,
74; Rogers Fund, 49; University of Wisconsin-Extension, 144.

Contents

Introduction

These lessons assume completion of *Biblical Hebrew Step by Step*, volume 1 (Grand Rapids: Baker, 1980), by the present author, or its equivalent (two years of high-school Hebrew). In these twenty-four lessons the student will intensively study texts selected from the Book of Genesis.

Six appendixes have been included:

1. A brief survey of the seven Hebrew verb patterns with explanations and illustrations. The complete conjugations of these patterns are also given.
2. A table giving the plurals of all the irregular nouns occurring frequently in the texts.
3. A table of all the irregular verbs occurring in the texts.
4. A Hebrew-English vocabulary.
5. An English-Hebrew vocabulary.
6. A key to self-correcting exercises (which occur in lessons 1–5 and 7–10).

These lessons have been prepared for college and high-school students who have a basic knowledge of the Hebrew language. This book is designed for a course that carries three credits at the University of Wisconsin; it is also designed for independent study or for study by correspondence through the University of Wisconsin-Extension, Madison. This text, which includes vocabularies, explanatory notes, study hints, exercises, word lists, self-correcting exercises, and appendixes, should prove particularly useful for individuals who are unable to join a study group or to attend courses in Hebrew; it is also suitable for theological students who have a basic knowledge of Biblical Hebrew. The course has, in fact, been taught successfully for over twenty years.

One necessary supplement for these lessons is the Hebrew Bible. The student should also refer to a standard Hebrew grammar, such as *Biblical Hebrew Step by Step*, vol. 1, or J. Weingreen's *A Practical Grammar for Classical Hebrew* (2d ed. [Oxford: Clarendon, 1959]), for further discussion on forms and syntax. The student will also find the appendixes very useful.

The lessons follow this pattern:

1. A reading from Genesis
2. Vocabulary (a word in parentheses following a word in the vocabulary list may be the singular or plural of the listed word, the stem or an inflected form, or a related word)
3. Explanatory notes
4. Study hints to help the student work out the lessons
5. Exercises based on the texts under study for development of reading, translating, and writing skills
6. A special list of the most frequently used biblical words
7. Self-correcting exercises (for Lessons 1–5 and 7–10).

Throughout this book you will find review exercises and emphasis on learning the vocabulary. A great deal of importance is also attached to learning the roots of verbs, *for the knowledge of one root in Hebrew may mean knowledge of several related English words*. As you constantly expand your vocabulary, it is most important that you review past lessons. It is perhaps desirable to make your own system of review, using flash cards or some other method, such as jotting down each new word, to make the reviewing of your vocabulary during the course of your work easier.

METHOD OF LEARNING

1. When studying the lesson, it is best to refer constantly to the vocabulary and the explanatory notes. Never begin a new lesson until you are sure that you know the previous one.
2. The vocabulary at the beginning of each lesson must be mastered before you begin work on the rest of the lesson.

3. When you feel that you understand the entire lesson, carefully read the study hints before beginning the exercises.

4. To benefit most from the course, do all the exercises as instructed in the study hints, even if you are proficient in some of these exercises already. The rapid-reading exercises are especially beneficial. It is advisable to refer to the explanatory notes and the appendixes whenever you encounter any difficulty doing the exercises.

This book is the text for a correspondence course offered for credit; for information write to The University of Wisconsin-Extension, Independent Study Division, Madison, Wisconsin 53706. The student who is doing this project as an independent study may also wish to order the following:

1. Key to the exercises in this book (recommended for teachers and those who are studying Hebrew independently)

2. Cassettes for the basic texts from Genesis selected for this book.

If you perform the lessons conscientiously, you should make good progress within a relatively short time. You can cover the course in five months, ten months, or eighteen months. *It is up to you.*

I wish to extend my sincere appreciation to all those who have helped in the preparation of this text. I am particularly indebted to John Ribar and Sarah Lind for their invaluable assistance, and to Esther Yotvat for preparing both the Hebrew and the English typescript of the manuscript.

INTRODUCTION TO THE BOOK OF GENESIS

The Book of Genesis is the first and one of the most widely read books of the Bible. It opens the cycle of the five books of Moses, also known as the Torah ("Law") or Pentateuch.

Genesis is a Greek word meaning "origin." The book gives us an account of the creation and the beginnings of mankind and the universe, covering the period from the creation to the death of Joseph in Egypt. It includes accounts of Adam and Eve, the flood, Abraham and the covenant, Isaac, and Jacob.

The material in the Book of Genesis is narrative and descriptive. No legislation is included, and the stories are biographical rather than national or historical; in fact, they are but a prelude to the selection of Israel as the chosen people. Though Genesis is full of chronological data, the actual period can be judged only in the most general terms, with the era of Abraham conveniently fixed around the year 2000 B.C.

Bronze statue of the Egyptian deity Isis, the mother of Horus, whom the Egyptians considered an ancestor of the Pharaohs.

Lesson One
Genesis 1:1–8

1 ¹ בְּרֵאשִׁ֖יתᵃ בָּרָ֣א אֱלֹהִ֑ים אֵ֥ת הַשָּׁמַ֖יִם וְאֵ֥ת הָאָֽרֶץ׃ ² וְהָאָ֗רֶץ
הָיְתָ֥ה תֹ֙הוּ֙ וָבֹ֔הוּ וְחֹ֖שֶׁךְ עַל־פְּנֵ֣י תְה֑וֹם וְר֣וּחַ אֱלֹהִ֔ים מְרַחֶ֖פֶת עַל־פְּנֵ֥י
הַמָּֽיִם׃ ³ וַיֹּ֥אמֶר אֱלֹהִ֖ים יְהִ֣י א֑וֹר וַֽיְהִי־אֽוֹר׃ ⁴ וַיַּ֧רְא אֱלֹהִ֛ים אֶת־
הָא֖וֹר כִּי־ט֑וֹב וַיַּבְדֵּ֣ל אֱלֹהִ֔ים בֵּ֥ין הָא֖וֹר וּבֵ֥ין הַחֹֽשֶׁךְ׃ ⁵ וַיִּקְרָ֨א
אֱלֹהִ֤ים ׀ לָאוֹר֙ י֔וֹם וְלַחֹ֖שֶׁךְ קָ֣רָא לָ֑יְלָה וַֽיְהִי־עֶ֥רֶב וַֽיְהִי־בֹ֖קֶר י֥וֹם
אֶחָֽד׃ פ ⁶ וַיֹּ֣אמֶר אֱלֹהִ֔ים יְהִ֥י רָקִ֖יעַ בְּת֣וֹךְ הַמָּ֑יִם וִיהִ֣י מַבְדִּ֔יל
בֵּ֥ין מַ֖יִם לָמָֽיִם׃ᵃ ⁷ וַיַּ֣עַשׂ אֱלֹהִים֮ אֶת־הָרָקִיעַ֒ וַיַּבְדֵּ֗ל בֵּ֤ין הַמַּ֙יִם֙ אֲשֶׁר֙
מִתַּ֣חַת לָרָקִ֔יעַ וּבֵ֣ין הַמַּ֔יִם אֲשֶׁ֖ר מֵעַ֣ל לָרָקִ֑יעַ ᵃוַֽיְהִי־כֵֽן׃ᵃ ⁸ וַיִּקְרָ֧א
אֱלֹהִ֛ים לָֽרָקִ֖יעַ שָׁמָ֑יִם וַֽיְהִי־עֶ֥רֶב וַֽיְהִי־בֹ֖קֶר י֥וֹם שֵׁנִֽי׃

VOCABULARY

in the beginning	בְּרֵאשִׁית (רֹאשׁ)
he created	בָּרָא
unformed	תֹּהוּ
void	בֹּהוּ
darkness	חֹשֶׁךְ
face, surface	פָּנִים
deep	תְּהוֹם
spirit, wind	רוּחַ (רוּחוֹת)
hovering	מְרַחֶפֶת (רחף)
let it be	יְהִי (הָיָה)
and he saw	וַיַּרְא (רָאָה)
that (conj.)	כִּי
and he divided	וַיַּבְדֵּל (בָּדַל)
firmament	רָקִיעַ
and he made	וַיַּעַשׂ (עָשָׂה)
under	מִתַּחַת
above	מֵעַל

EXPLANATORY NOTES

V. 1 בְּרֵאשִׁית *in the beginning*, from ראשׁ *head*. Other related words are רִאשׁוֹן *first*; מֵראשׁ *from the beginning*. Note that ראשׁ contains a silent א that does not drop out. Other common words with silent א in the middle are זאת *this* (f.); צאן *flock*; שְׂמאל *left* (direction).

בָּרָא *he created*, a ל״א verb. Other common verbs of this class are

find	מָצָא	come	בּוֹא
read, call	קָרָא	hate	שָׂנֵא
go out	יָצָא	be envious	קִנֵּא
carry, bear	נָשָׂא	be full	מָלֵא

It is important to remember that ל״א verbs do not omit the א in any of the conjugations.

שָׁמַיִם *heaven, sky*, used in the plural form only.

אֶרֶץ *land, earth* (f., pl. אֲרָצוֹת). אֶרֶץ with the definite article is always הָאָרֶץ (not הָאֶרֶץ).

V. 2 הָיְתָה *it was* (f.), referring to הָאָרֶץ *the earth*, which is feminine. הָיְתָה is Qal perfect of הָיָה. Similarly:

Masculine		*Feminine*
חָיָה	lived	חָיְתָה
רָאָה	saw	רָאֲתָה
בָּנָה	built	בָּנְתָה

פְּנֵי *the face of*, construct form (plural) of פָּנִים, which is used in the plural form only.

תְּהוֹם *depth*, *abyss*. This word never takes the definite article.

רוּחַ *spirit*, *wind* (f., pl. רוּחוֹת).

V. 3 וַיֹּאמֶר *and he said*, Qal imperfect of אָמַר with Waw consecutive. Note the following:

וַיְהִי	and it was,	*from*	הָיָה
וַיַּרְא	and he saw,	*from*	רָאָה
וַיַּבְדֵּל	and he divided,	*from*	בָּדַל

וַיִּקְרָא and he called, *from* קָרָא

All these forms are imperfect; nevertheless, they are translated in the perfect. This is a common feature of Biblical Hebrew. When the conjunction וְ– *and* is prefixed to the perfect, it changes its meaning to imperfect:

אָהַבְתָּ you loved, *but*
וְאָהַבְתָּ and you shall love
רָאוּ they saw, *but*
וְרָאוּ and they shall see

Similarly, when וַ– is prefixed to the imperfect, it gives the imperfect a perfect sense. This Waw is called Waw consecutive or Waw conversive:

יִזְכֹּר he shall remember, *but*
וַיִּזְכֹּר and he remembered
יִקְרָא he shall call, *but*
וַיִּקְרָא and he called

(see Weingreen, *Practical Grammar*, pp. 90–92, or *Biblical Hebrew Step by Step*, vol. 1, p. 184).

יְהִי *let it be*, a shortened form of יִהְיֶה *it will be*, from הָיָה *to be*.

אוֹר *light* (m., pl. אוֹרוֹת).

V. 4 וַיַּרְא *and he saw*, Qal imperfect of רָאָה *to see*, with Waw consecutive (see וַיַּעַשׂ in V. 7).

V. 5 יוֹם *day* (pl. יָמִים).

יוֹם אֶחָד *one day* or *first day*. Also יוֹם רִאשׁוֹן *first day*. The other days of the week are numbered as follows:

יוֹם שֵׁנִי	second day,	*from*	שְׁנַיִם	two
יוֹם שְׁלִישִׁי	third day,	*from*	שְׁלֹשָׁה	three
יוֹם רְבִיעִי	fourth day,	*from*	אַרְבָּעָה	four
יוֹם חֲמִשִׁי	fifth day,	*from*	חֲמִשָּׁה	five
יוֹם שִׁשִּׁי	sixth day,	*from*	שִׁשָּׁה	six
יוֹם שְׁבִיעִי	seventh day,	*from*	שִׁבְעָה	seven

The seventh day is also called שַׁבָּת *Sabbath* from the root שָׁבַת *to rest, to cease from work.*

V. 6 וִיהִי *and let it be* (see יְהִי in V. 3).

V. 7 וַיַּעַשׂ *and he made*, from עָשָׂה, Qal imperfect of עָשָׂה, with Waw consecutive. The imperfect of most ל״ה verbs omits the ה when the Waw consecutive is used. The following are some of the most frequently used ל״ה verbs in the Bible:

Verb	*Root*	*Imperfect*	*Imperfect with Waw consecutive*
see	רָאָה	יִרְאֶה	וַיַּרְא
do, make	עָשָׂה	יַעֲשֶׂה	וַיַּעַשׂ
answer	עָנָה	יַעֲנֶה	וַיַּעַן
go up	עָלָה	יַעֲלֶה	וַיַּעַל
build	בָּנָה	יִבְנֶה	וַיִּבֶן
turn to	פָּנָה	יִפְנֶה	וַיִּפֶן
command	צִוָּה	יְצַוֶּה	וַיְצַו
be	הָיָה	יִהְיֶה	וַיְהִי
live	חָיָה	יִחְיֶה	וַיְחִי

כֵּן *thus, so.* וַיְהִי־כֵן *and it was so.*

STUDY HINTS

1. Read the Hebrew text for this lesson and compare it with an English translation of the Bible. Review the Vocabulary several times.
2. Now read the text once more with constant reference to the corresponding comments in the Explanatory Notes.
3. Make your own translation of the text and check with an English translation of the Bible.
4. Study the Explanatory Notes on verses 3 and 7 carefully, for they are very useful.
5. Exercise A is rapid reading. You should read the passage several times with or without the cassette until you can read it fluently and in normal reading speed.
6. The translation from Hebrew into English, Exercise F, is based on the text of this lesson. You may consult the Hebrew text when doing this exercise; in fact,

it is strongly recommended that you continually refer to the text and the notes when doing your assignment.

7. Check your translation in Exercise B with an English translation.
8. Word List 1 is very important. By learning two hundred such words you will be able to understand simple narrative passages in the Bible without much difficulty.
9. Do Exercises A and B orally.
10. Write out the answers to Exercises C, D, E, F, and G.

EXERCISES

A. Rapidly read Genesis 1:1–5.

B. Translate into English Genesis 1:2–5, 7.

C. Give the root:

1. הָיְתָה	6. וַיַּבְדֵּל	11. וַיַּעַן
2. מְרַחֶפֶת	7. וַיְהִי	12. וַיִּפֶן
3. וַיֹּאמֶר	8. וַיַּעַשׂ	13. וַיַּעַל
4. יְהִי	9. וַיִּקְרָא	14. וַיִּבֶן
5. וַיַּרְא	10. מַבְדִּיל	15. וַיְצַו

D. From Genesis 1:1–8 select five verbs with Waw consecutive and translate them into English.

E. Write (a) the imperfect and (b) the imperfect with Waw consecutive of the third-person singular masculine of the following verbs:
Example: קָרָא to call; יִקְרָא he shall call; וַיִּקְרָא and he called:

1. בָּרָא	6. פָּנָה
2. עָנָה	7. צִוָּה
3. עָשָׂה	8. הָיָה
4. בָּנָה	9. חָיָה
5. עָלָה	10. רָאָה

F. Translate into English:

1. בָּרָא אֱלֹהִים אֵת הַשָּׁמַיִם וְאֵת הָאָרֶץ.
2. בְּרֵאשִׁית הָיָה חֹשֶׁךְ עַל־הָאָרֶץ.
3. רָאָה אֱלֹהִים אֶת־הָאוֹר כִּי־טוֹב.
4. וַיִּקְרָא אֱלֹהִים לַחֹשֶׁךְ לַיְלָה.

5. הָיָה הָרָקִיעַ בְּתוֹךְ הַמָּיִם.
6. וְהָאָרֶץ הָיְתָה תֹהוּ וָבֹהוּ.
7. הָיָה הַחֹשֶׁךְ עַל־פְּנֵי תְהוֹם.
8. הִבְדִּיל אֱלֹהִים בֵּין הָאוֹר וּבֵין הַחֹשֶׁךְ.
9. וַיַּעַשׂ אֱלֹהִים אֶת־הָרָקִיעַ בְּתוֹךְ הַמָּיִם.
10. קָרָא אֱלֹהִים לָאוֹר יוֹם.

G. Translate into Hebrew (do not translate words in brackets):
1. In the beginning [there] was darkness upon the face of the earth.
2. God created the heaven on [translate as "in"] the first day.
3. And God said, Let there be light in the heaven, and there was light.
4. God called day to the light and night to the darkness.
5. The firmament was in the midst of the water.

WORD LIST 1

Words occurring in the Bible from 500 to 5000 times (based on Harper's *Hebrew Vocabularies*)

to speak	דִּבֵּר	father	אָב (אָבוֹת)
to be	הָיָה	man, Adam	אָדָם
to come	בּוֹא	house	בַּיִת (בָּתִּים)
to say	אָמַר	brother	אָח (אַחִים)
to eat	אָכַל	man	אִישׁ (אֲנָשִׁים)

Make sure you know the meanings and correct spelling of these Hebrew words.

SELF-CORRECTING EXERCISES

Study the example well and then complete each exercise (answers are given in Appendix 6).

בָּרָא אֱלֹהִים שָׁמַיִם

בָּרָא אֱלֹהִים אֶת־הַשָּׁמַיִם

1. בָּרָא אֱלֹהִים שָׁמַיִם ______________________
2. בָּרָא אֱלֹהִים אֶרֶץ ______________________
3. רָאָה הָאִישׁ אוֹר ______________________

4. אָכְלָה הָאִשָּׁה תַּפּוּחַ ______________________________

5. בָּרָא אֱלֹהִים אָדָם ______________________________

6. רָאָה הָאִישׁ בַּיִת ______________________________

7. אָכְלוּ הָאֲנָשִׁים לֶחֶם[1] ______________________________

8. מָצָא[2] הָאָח סֵפֶר ______________________________

9. וַיַּרְא הָאִישׁ חֹשֶׁךְ ______________________________

10. וַיַּעַשׂ אֱלֹהִים רָקִיעַ ______________________________

[1]bread.

[2]he found.

Lesson Two
Genesis 1:14–19, 27, 31

פ 14 וַיֹּאמֶר אֱלֹהִים יְהִי מְאֹרֹת
בִּרְקִיעַ הַשָּׁמַיִם לְהַבְדִּיל בֵּין הַיּוֹם וּבֵין הַלָּיְלָה וְהָיוּ לְאֹתֹת וּלְמוֹעֲדִים
וּלְיָמִים וְשָׁנִים׃ 15 וְהָיוּ לִמְאוֹרֹת בִּרְקִיעַ הַשָּׁמַיִם לְהָאִיר עַל־הָאָרֶץ
וַיְהִי־כֵן׃ 16 וַיַּעַשׂ אֱלֹהִים אֶת־שְׁנֵי הַמְּאֹרֹת הַגְּדֹלִים אֶת־הַמָּאוֹר
הַגָּדֹל לְמֶמְשֶׁלֶת הַיּוֹם וְאֶת־הַמָּאוֹר הַקָּטֹן לְמֶמְשֶׁלֶת הַלַּיְלָה וְאֵת
הַכּוֹכָבִים׃ 17 וַיִּתֵּן אֹתָם אֱלֹהִים בִּרְקִיעַ הַשָּׁמָיִם לְהָאִיר עַל־הָאָרֶץ׃
18 וְלִמְשֹׁל בַּיּוֹם וּבַלַּיְלָה וּלְהַבְדִּיל בֵּין הָאוֹר וּבֵין הַחֹשֶׁךְ וַיַּרְא אֱלֹהִים
כִּי־טוֹב׃ 19 וַיְהִי־עֶרֶב וַיְהִי־בֹקֶר יוֹם רְבִיעִי׃
27 וַיִּבְרָא אֱלֹהִים ׀ אֶת־הָאָדָם
בְּצַלְמוֹ[a] בְּצֶלֶם אֱלֹהִים בָּרָא אֹתוֹ זָכָר וּנְקֵבָה בָּרָא אֹתָם׃
31 וַיַּרְא אֱלֹהִים אֶת־כָּל־אֲשֶׁר עָשָׂה וְהִנֵּה־טוֹב מְאֹד וַיְהִי־עֶרֶב וַיְהִי־
בֹקֶר יוֹם הַשִּׁשִּׁי׃

VOCABULARY

for the ruling of	לְמֶמְשֶׁלֶת (מָשַׁל)	lights (m.)	מְאֹרֹת (מָאוֹר)
star	כּוֹכָב (כּוֹכָבִים)	sign (m.)	אוֹת (אוֹתוֹת)
light (m.)	אוֹר (אוֹרוֹת)	season	מוֹעֵד (יָעַד)
to rule	לִמְשֹׁל (מָשַׁל)	day	יוֹם (יָמִים)
and he gave	וַיִּתֵּן (נָתַן)	year	שָׁנָה (שָׁנִים)
to divide	לְהַבְדִּיל (בָּדַל)	to give light	לְהָאִיר (אוֹר)
darkness	חֹשֶׁךְ	so, thus	כֵּן

female	נְקֵבָה	fourth	רְבִיעִי
them (m.)	אֹתָם	and he created	וַיִּבְרָא (בָּרָא)
very	מְאֹד	image	צֶלֶם (צְלָמִים)
sixth	שִׁשִּׁי	male	זָכָר

EXPLANATORY NOTES

V. 14 יְהִי *let it be, let there be*, from הָיָה. See note on V. 3, Lesson 1. The verb is often introduced in its most common form; here the singular verb יְהִי is used before the plural subject מְאוֹרוֹת.

מְאֹרֹת for מְאוֹרוֹת *lights*, from אוֹר. The מ– adds the idea of instrument or means of action to the root meaning, e.g., אוֹר *light*; מָאוֹר *means of light, light-bearer*. Another example: פָּתַח *to open*; מַפְתֵּחַ *means of opening* (instrument or means of action of the verb), i.e., *key*.

לְהַבְדִּיל *to divide*. This verb pattern, like לְהָאִיר in V. 15, is known as Hiphil (see Appendix 1).

יָמִים *days*, plural of יוֹם.

שָׁנִים *years*, plural of שָׁנָה (שָׁנוֹת also is used in this sense), from שָׁנָה *to repeat*, *change*; שָׁנִים טוֹבוֹת *good years*.

V. 15 לְהָאִיר *to give light*, Hiphil Infinitive construct (with preposition לְ) of אוֹר. Compare אוֹר in V. 14.

V. 16 וַיַּעַשׂ *and he made*, Qal imperfect of עָשָׂה, with Waw consecutive (see V. 7, Lesson 1).

לְמֶמְשֶׁלֶת *for the ruling of*, construct of מֶמְשָׁלָה, from מָשַׁל *to rule* (cf. לִמְשֹׁל in V. 18).

לַיְלָה *night* is masculine (pl. לֵילוֹת), although it ends with the feminine ה ָ. It is an exception.

V. 17 וַיִּתֵּן *and he gave* (here *set*, *placed*), Qal imperfect of נָתַן, with Waw consecutive. This is a פ״נ verb. The נ in this class is assimilated in the imperfect, e.g., נָגַשׁ to יִגַּשׁ; נָפַל to יִפֹּל; נָטַע to יִטַּע.

V. 18   וַיַּרְא   *and he saw*, Qal imperfect of רָאָה, with Waw consecutive.
and God saw that. Use כִּי (not אֲשֶׁר) when *that* is used as a conjunction, i.e., not as a relative pronoun. Note also:

he said that	אָמַר כִּי
he remembered that	זָכַר כִּי

וְלִמְשֹׁל   *and to rule*, Qal Infinitive construct of מָשַׁל, with Waw as a simple conjunction.

בַּיּוֹם   *by day* (literally *in the day*).

V. 19   רְבִיעִי   *fourth*, from אַרְבָּעָה *four* (see V. 5, Lesson 1).

V. 27   וַיִּבְרָא   *and he created*, from בָּרָא (see V. 1, Lesson 1).

בְּצַלְמוֹ   *in his image* (pl. צְלָמִים), from צֶלֶם, a segholate noun.

V. 31   שִׁשִּׁי   *sixth*, from שִׁשָּׁה *six* (see V. 5, Lesson 1).

STUDY HINTS

1. Read the text assigned for this lesson, constantly referring to the Vocabulary and the Explanatory Notes, until you feel you know the meaning of each verse well.

2. Make your translation of the Hebrew text and check it with the corresponding verses of an English Bible.

3. Review the Vocabulary and the Explanatory Notes. Pay special attention to the roots of the verbs and the plurals of the nouns.

4. The Explanatory Notes on verses 14, 16, 17, and 18 should be studied carefully.

5. Exercise A is rapid reading. Read Genesis 1:27, 31, many times until you are able to read them fluently. If you have no one to check your pronunciation, check with the tape. Your instructor will be happy to record the Hebrew text for you.

6. Do Exercise E and check your work with the appropriate notes given in this lesson and in Lesson 1.

7. Word List 2 contains some of the most frequently used words in the Hebrew Bible. By mastering these words, you should be able in due course to read simple narratives in Biblical Hebrew without undue difficulty.

8. Do Exercises A, C, and H for oral practice.
9. Write out the answers to Exercises B, C, D, E, F, G, and I.

EXERCISES

The following exercises are based on Lessons 1 and 2 and Word Lists 1 and 2.

A. Rapidly read Genesis 1:27, 31.

B. Give the plural:

1. מָאוֹר
2. יוֹם
3. לַיְלָה
4. אוֹת
5. שָׁנָה
6. אֶרֶץ
7. כּוֹכָב
8. עֶרֶב
9. אוֹר
10. צֶלֶם
11. אָב
12. בַּיִת
13. אִישׁ
14. רוּחַ
15. אִשָּׁה

C. Give the root:

1. וַיֹּאמֶר
2. לְהַבְדִּיל
3. יְהִי
4. לְהָאִיר
5. וַיִּקַּח
6. לִמְשֹׁל
7. וַיַּרְא
8. וַיִּתֵּן
9. וַיִּבְרָא
10. וַיַּעַשׂ

D. Translate into Hebrew:

1. unformed and void
2. the spirit of God
3. let there be light
4. days and years
5. in the beginning
6. male and female
7. the fourth day
8. and it was good
9. by day and by night
10. the sky and the stars
11. three; third day
12. five; fifth day
13. two; second day
14. one; one day; first day
15. seven; seventh day, Sabbath

E. Translate into Hebrew with vowels:

1. he said; he will say; and he said
2. it (m.) was; it shall be; and it was
3. he gave; he will give; and he gave
4. he created; he will create; and he created
5. he saw; he will see; and he saw
6. he built; he will build; and he built

F. Translate into Hebrew:

1. our image
2. his star
3. their (f.) light
4. my day
5. her star
6. my lights
7. your (m. pl.) stars
8. their (m.) lights
9. her stars
10. our day

G. Translate into Hebrew without vowels:

1. God created the man in His image.
2. He made them male and female.
3. God saw that it was good.
4. And there was evening and there was morning, a second day.
5. God made the two great lights to rule by day and by night.

H. Translate into English:

1. בָּרָא אֱלֹהִים אֶת־הָאָדָם בְּצַלְמוֹ.
2. כַּאֲשֶׁר רָאָה אֱלֹהִים אֶת־הָאוֹר כִּי הָיָה טוֹב קָרָא לָאוֹר יוֹם.
3. רוּחַ אֱלֹהִים הָיְתָה מְרַחֶפֶת עַל־פְּנֵי הַמָּיִם.
4. נָתַן אֱלֹהִים אֶת־שְׁנֵי הַמְּאוֹרוֹת הַגְּדוֹלִים בִּרְקִיעַ הַשָּׁמַיִם לְהָאִיר עַל־הָאָרֶץ.
5. בַּיּוֹם הַשִּׁשִּׁי בָּרָא אֱלֹהִים אֶת־הָאָדָם בְּצַלְמוֹ.

I. Give the roots of the following verbs and their meanings based on Word Lists 1 and 2. In regular verbs, you may have to add ו or ה to find the roots.
Example: שֵׁב, *from* יָשַׁב to sit

1. יְצִיאָה
2. הוֹשִׁיב
3. לְכוּ
4. דַּע
5. נוֹלָד
6. דַּעַת
7. דִּבַּרְנוּ
8. צֵא
9. בָּאתִי
10. הָיִינוּ

WORD LIST 2

Words occurring in the Bible from 500 to 5000 times

to go out	יָצָא	to go	הָלַךְ
to sit, dwell	יָשַׁב	to know	יָדַע
after	אַחַר	to give birth	יָלַד

man, mankind	אֱנוֹשׁ	woman	אִשָּׁה (נָשִׁים)
earth (f.)	אֶרֶץ (אֲרָצוֹת)	God	אֱלֹהִים

SELF-CORRECTING EXERCISES

Study the example well and then complete each exercise (answers are given in Appendix 6).

Example: הָיָה אוֹר

וַיְהִי אוֹר

1. הָיָה אוֹר
2. רָאָה אֶת־הַכּוֹכָבִים
3. עָנָה הָאִישׁ
4. חָיָה הָאָב שִׁבְעִים וְחָמֵשׁ שָׁנִים
5. עָשָׂה אֱלֹהִים אֶת־הַחֹשֶׁךְ
6. קָרָא לָאוֹר יוֹם
7. פָּנָה אֶל־הָאִישׁ
8. בָּנָה אֶת־הַבַּיִת
9. עָלָה אֶל־הָהָר
10. בָּרָא אֶת־הָאָדָם בְּצַלְמוֹ

Ceramic juglet dating from the early Middle Bronze Age, at the beginning of the second millennium B.C., found in Syria.

Lesson Three
Genesis 2:1–9

פ 2 1 וַיְכֻלּוּ הַשָּׁמַיִם וְהָאָרֶץ וְכָל־צְבָאָם׃
2 וַיְכַל אֱלֹהִים בַּיּוֹם הַשְּׁבִיעִי[a] מְלַאכְתּוֹ אֲשֶׁר עָשָׂה וַיִּשְׁבֹּת בַּיּוֹם
הַשְּׁבִיעִי מִכָּל־מְלַאכְתּוֹ אֲשֶׁר עָשָׂה׃ 3 וַיְבָרֶךְ אֱלֹהִים אֶת־יוֹם
הַשְּׁבִיעִי וַיְקַדֵּשׁ אֹתוֹ כִּי בוֹ שָׁבַת מִכָּל־מְלַאכְתּוֹ אֲשֶׁר־בָּרָא אֱלֹהִים
לַעֲשׂוֹת׃ פ 4 אֵלֶּה[a] תוֹלְדוֹת הַשָּׁמַיִם וְהָאָרֶץ בְּהִבָּרְאָם
בְּיוֹם עֲשׂוֹת יְהוָה אֱלֹהִים [b]אֶרֶץ וְשָׁמָיִם[c]׃ 5 וְכֹל ׀ שִׂיחַ הַשָּׂדֶה
טֶרֶם יִהְיֶה בָאָרֶץ וְכָל־עֵשֶׂב הַשָּׂדֶה טֶרֶם יִצְמָח כִּי לֹא הִמְטִיר יְהוָה
אֱלֹהִים עַל־הָאָרֶץ וְאָדָם אַיִן לַעֲבֹד אֶת־הָאֲדָמָה׃ 6 וְאֵד יַעֲלֶה מִן־
הָאָרֶץ וְהִשְׁקָה אֶת־כָּל־פְּנֵי־הָאֲדָמָה׃ 7 וַיִּיצֶר יְהוָה אֱלֹהִים אֶת־
הָאָדָם עָפָר מִן־הָאֲדָמָה וַיִּפַּח בְּאַפָּיו נִשְׁמַת חַיִּים וַיְהִי הָאָדָם לְנֶפֶשׁ
חַיָּה׃ 8 וַיִּטַּע יְהוָה אֱלֹהִים גַּן־בְּעֵדֶן מִקֶּדֶם וַיָּשֶׂם שָׁם אֶת־הָאָדָם אֲשֶׁר
יָצָר׃ 9 וַיַּצְמַח יְהוָה אֱלֹהִים מִן־הָאֲדָמָה כָּל־עֵץ נֶחְמָד לְמַרְאֶה וְטוֹב
לְמַאֲכָל וְעֵץ הַחַיִּים בְּתוֹךְ הַגָּן וְעֵץ הַדַּעַת טוֹב וָרָע׃

VOCABULARY

bush, shrub	שִׂיחַ	and they were finished	וַיְכֻלּוּ (כָּלָה)
not yet	טֶרֶם	host, army (m.)	צָבָא (צְבָאוֹת)
grass, herb	עֵשֶׂב	work	מְלָאכָה
to cause to rain	הִמְטִיר (מָטַר)	and he rested	וַיִּשְׁבֹּת (שָׁבַת)
mist	אֵד	and he blessed	וַיְבָרֶךְ
to water	לְהַשְׁקוֹת (שָׁקָה)	and he sanctified	וַיְקַדֵּשׁ
face, surface (in pl. only)	פָּנִים	generations	תּוֹלְדוֹת (יָלַד)

and he placed	וַיָּשֶׂם (שִׂים)	and he formed	וַיִּיצֶר (יָצַר)
there	שָׁם	dust	עָפָר
grow	צָמַח	and he breathed	וַיִּפַּח (נָפַח)
pleasant	נֶחְמָד (חָמַד)	nostrils	אַפַּיִם
food	מַאֲכָל (אָכַל)	breath, soul	נְשָׁמָה
knowledge	דַּעַת (יָדַע)	soul (f.)	נֶפֶשׁ (נְפָשׁוֹת)
nose	אַף	and he planted	וַיִּטַּע (נָטַע)
to work, cultivate	עָבַד	east	קֶדֶם

EXPLANATORY NOTES

All the imperfect verbs listed in the Explanatory Notes are prefixed with Waw consecutive.

V. 1 וַיְכֻלּוּ *and they were finished*, Pual imperfect of כָּלָה *to finish, complete*. The ֻ in the first root letter in verbal forms is usually the sign of the Pual.

צָבָא *host*, *army* (m., pl. צְבָאוֹת).

V. 2 בַּיּוֹם הַשְּׁבִיעִי *on the seventh day*, i.e., *on the Sabbath* (see V. 5, Lesson 1). Note that the Hebrew is literally *in the seventh day*.

וַיִּשְׁבֹּת *and he rested*, Qal imperfect of שָׁבַת *to cease from work, to rest*, hence, שַׁבָּת *the Sabbath day*.

מְלַאכְתּוֹ *his work*, from מְלָאכָה *work*.

V. 3 וַיְבָרֶךְ *and he blessed*, Piel imperfect of בֵּרַךְ *to bless*. Note accent and short, closed final syllable. Compare בְּרָכָה *blessing*; בָּרוּךְ *blessed, blessed be*.

V. 4 תּוֹלְדוֹת *the generations of* (pl.), from יָלַד *to give birth*. It does not occur in the Bible in the singular form. The common word for *generation* is דּוֹר.

בְּהִבָּרְאָם literally *in their being created* or *when they were created*; it is the Niphal Infinitive construct form of בָּרָא *to create*, with the preposition בְּ *in*, *when*.

עֲשׂוֹת *doing*, Qal Infinitive construct of עָשָׂה *to do*.

אֶרֶץ *land* (f., pl. אֲרָצוֹת). Note that both אֶרֶץ *land*, *earth*, and עִיר *city*, *town*, are feminine.

V. 5 שָׂדֶה *field* (pl. שָׂדוֹת). שָׂדֶה ends in ה ֶ , not ה ָ , and is therefore masculine.

טֶרֶם *not yet*, an adverb, usually used with the imperfect.

הִמְטִיר *he caused to rain*, Hiphil perfect of מטר (מָטָר *rain* [m.]). Another common word for *rain* is גֶּשֶׁם.

V. 6 וְהִשְׁקָה *and he caused to drink*, *watered*. All parts of the verb *to drink* come from שָׁתָה, except the Hiphil or causative form, which comes from שָׁקָה. The use of different roots is most irregular in the Hebrew verb system.

V. 7 וַיִּצֶר *and he formed* (for וַיִּיצֶר), Qal imperfect of יָצַר *to form*.

וַיִּפַּח *and he blew*, *and he breathed*, Qal imperfect of נָפַח *to blow*. This is a פ״נ verb. The נ is assimilated in the imperfect of most פ״נ verbs .

בְּאַפָּיו *in his nostrils*, from אַף *nose, nostril* (אַפַּיִם *nostrils*). The word אַף also refers to human anger. Cf. אֶרֶךְ אַפַּיִם *long*, i.e., *slow to anger* (Exod. 34:6). The dagesh in the פ is for the missing נ. The root of אַף is אנף.

נִשְׁמַת חַיִּים *a breath of life*; נְשָׁמָה *breath*; נִשְׁמַת *the breath of*, from verb נָשַׁם *to breathe.* חַיִּים *life* occurs in the plural form only, even when it refers to one life.

נֶפֶשׁ *soul*, *life* (f., pl. נְפָשׁוֹת).

V. 8 וַיִּטַּע *and he planted*, Qal imperfect of נָטַע *to plant*. This is the same grammatical form as וַיִּפַּח in V. 7. Similarly וַיִּסַּע *and he journeyed*, from נָסַע *to journey*.

וַיָּשֶׂם *and he placed*, Qal imperfect of שִׂים *to put*, *place*.

V. 9 מַרְאֶה *sight*, from רָאָה *to see*.

מַאֲכָל *food*, from אָכַל *to eat*. Many nouns are formed from verbs by adding the prefix מ–.

דַּעַת *knowledge*, a verbal noun from יָדַע *to know*.

STUDY HINTS

1. Although this lesson's vocabulary is larger than usual and requires extra attention, by constant repetition you will learn these words just as before.
2. Read the text from Genesis, referring to the Vocabulary and the Explanatory Notes repeatedly. Make your own notes as you read along. If you encounter any difficulty, consult your dictionary and an English translation.
3. Most of the Explanatory Notes and the Vocabularies will be repeated in future lessons for review. You will eventually be able to recognize the forms and the roots of the verbs without difficulty.
4. Whenever you encounter difficulties with the verb patterns or forms, consult Appendixes 1 and 3, which describe the verb patterns in Hebrew and the forms that frequently occur in the Bible.
5. The Explanatory Notes on verses 2, 4, 6, 7, and 9 are important.
6. The verses in Exercise A should be read several times until you are able to read them fluently.
7. For Exercises E and G, consult Appendixes 4 (Hebrew-English Vocabulary) and 5 (English-Hebrew Vocabulary).
8. Do Exercises B and G orally. Check Exercise B with the corresponding verses in an English Bible.
9. Write out the answers to Exercises C, D, E, F, and G.

EXERCISES

A. Rapidly read Genesis 2:4, 5.
B. Translate into English Genesis 2:3, 4, 6, 8.
C. Define and form the plural of the following:

6. נְשָׁמָה		1. אֶרֶץ	
7. נֶפֶשׁ		2. יוֹם	
8. עֵץ		3. זֶה	
9. אִשָּׁה		4. שָׂדֶה	
10. צָבָא		5. אֲדָמָה	

D. Give the root and the exact meaning of each:

1. וַיְכַל	6. וַיִּשְׁבֹּת	11. וַיָּשֶׂם
2. לַעֲשׂוֹת	7. וַיִּצֶר	12. דַּעַת
3. מַרְאֶה	8. וַיִּפַּח	13. חַיִּים
4. הִשְׁקָה	9. וַיִּטַּע	14. הִמְטִיר
5. תּוֹלְדוֹת	10. מַאֲכָל	15. נֶחְמָד

E. Form nouns from the following roots:

1. בָּרַךְ	6. יָלַד
2. אָכַל	7. יָדַע
3. חָיָה	8. פָּנָה
4. מָשַׁל	9. נָשַׁם
5. רָאָה	10. שָׁבַת

F. Translate into Hebrew without vowels:

1. God created the earth, the heaven, and all their host.
2. And God rested on the seventh day from all His work.
3. The grass was not yet[1] in the field.
4. The mist watered all the surface [face] of the ground.
5. I planted a shrub in the garden.

G. Translate into English:

1. שָׁבַת אֱלֹהִים בַּיּוֹם הַשְּׁבִיעִי מִכָּל־מְלַאכְתּוֹ אֲשֶׁר עָשָׂה.
2. בָּרָא אֱלֹהִים אֵת הַשָּׁמַיִם וְאֵת הַכּוֹכָבִים בַּיּוֹם הַשְּׁלִישִׁי.
3. לֹא הִמְטִיר ה׳[2] עַל־הָאָרֶץ שִׁבְעָה יָמִים.
4. הִשְׁקָה הָאֵד אֶת־כָּל־פְּנֵי־הָאֲדָמָה.
5. הָיָה הָעֵץ נֶחְמָד לְמַרְאֶה וְטוֹב לְמַאֲכָל.
6. בֵּרֵךְ אֱלֹהִים אֶת־יוֹם הַשַּׁבָּת וַיְקַדֵּשׁ אוֹתוֹ.

WORD LIST 3

Words occurring in the Bible from 500 to 5000 times

house	בַּיִת (בָּתִּים)	word, thing	דָּבָר (דְּבָרִים)
son	בֵּן (בָּנִים)	way (f.)	דֶּרֶךְ (דְּרָכִים)

---

[1]Begin with טֶרֶם followed by the verb. Note טֶרֶם means *not yet*.
[2]ה׳ shortened for יְהוָֹה *Lord*.

mountain	הַר (הָרִים)	to lift up, carry	נָשָׂא
to take	לָקַח	to give	נָתַן
to die	מוּת	to pass	עָבַר

SELF-CORRECTING EXERCISES

Study the example well and then complete each exercise (answers are given in Appendix 6).

Example: בָּרָא   he created;   יִבְרָא   he will create; _____ _____

בָּרָא   he created;   יִבְרָא   he will create;   וַיִּבְרָא   and he created.

1. בָּרָא   he created;   יִבְרָא   he will create; _____ _____
2. נָטַע   he planted;   יִטַּע   he will plant; _____ _____
3. הָיָה   he was;   יִהְיֶה   he will be; _____ _____
4. רָאָה   he saw;   יִרְאֶה   he will see; _____ _____
5. קָרָא   he called;   יִקְרָא   he will call; _____ _____
6. אָמַר   he said;   יֹאמַר   he will say; _____ _____
7. עָשָׂה   he did;   יַעֲשֶׂה   he will do; _____ _____
8. בָּנָה   he built;   יִבְנֶה   he will build; _____ _____
9. נָפַח   he blew;   יִפַּח   he will blow; _____ _____
10. עָנָה   he answered;   יַעֲנֶה   he will answer; _____ _____

Lesson Four
Genesis 2:15–23

15 וַיִּקַּ֛ח יְהוָ֥ה אֱלֹהִ֖ים אֶת־הָֽאָדָ֑ם וַיַּנִּחֵ֣הוּ בְגַן־עֵ֔דֶן לְעָבְדָ֖הּ וּלְשָׁמְרָֽהּ׃
16 וַיְצַו֙ יְהוָ֣ה אֱלֹהִ֔ים עַל־הָֽאָדָ֖ם לֵאמֹ֑ר מִכֹּ֥ל עֵֽץ־הַגָּ֖ן אָכֹ֥ל תֹּאכֵֽל׃
17 וּמֵעֵ֗ץ הַדַּ֙עַת֙ ט֣וֹב וָרָ֔ע לֹ֥א תֹאכַ֖ל מִמֶּ֑נּוּ כִּ֗י בְּי֛וֹם אֲכָלְךָ֥ מִמֶּ֖נּוּ מ֥וֹת
תָּמֽוּת׃ 18 וַיֹּ֙אמֶר֙ יְהוָ֣ה אֱלֹהִ֔ים לֹא־ט֛וֹב הֱי֥וֹת הָֽאָדָ֖ם לְבַדּ֑וֹ אֶֽעֱשֶׂהּ־
לּ֥וֹ עֵ֖זֶר כְּנֶגְדּֽוֹ׃ 19 וַיִּצֶר֩ יְהוָ֨ה אֱלֹהִ֜ים[a] מִן־הָֽאֲדָמָ֗ה[b] כָּל־חַיַּ֣ת הַשָּׂדֶה֙
וְאֵת֙ כָּל־ע֣וֹף הַשָּׁמַ֔יִם וַיָּבֵא֙ אֶל־הָ֣אָדָ֔ם לִרְא֖וֹת מַה־יִּקְרָא־ל֑וֹ וְכֹל֩
אֲשֶׁ֨ר יִקְרָא־ל֧וֹ הָֽאָדָ֛ם נֶ֥פֶשׁ חַיָּ֖ה[c] ה֥וּא שְׁמֽוֹ׃ 20 וַיִּקְרָ֨א הָֽאָדָ֜ם שֵׁמ֗וֹת
לְכָל־הַבְּהֵמָה֙ וּלְע֣וֹף[a] הַשָּׁמַ֔יִם וּלְכֹ֖ל חַיַּ֣ת הַשָּׂדֶ֑ה וּלְאָדָ֕ם[b] לֹֽא־מָצָ֥א
עֵ֖זֶר כְּנֶגְדּֽוֹ׃ 21 וַיַּפֵּל֩ יְהוָ֨ה אֱלֹהִ֧ים ׀ תַּרְדֵּמָ֛ה עַל־הָאָדָ֖ם וַיִּישָׁ֑ן וַיִּקַּ֗ח
אַחַת֙ מִצַּלְעֹתָ֔יו וַיִּסְגֹּ֥ר בָּשָׂ֖ר תַּחְתֶּֽנָּה׃ 22 וַיִּבֶן֩ יְהוָ֨ה אֱלֹהִ֧ים ׀ אֶֽת־הַצֵּלָ֛ע
אֲשֶׁר־לָקַ֥ח מִן־הָֽאָדָ֖ם לְאִשָּׁ֑ה וַיְבִאֶ֖הָ אֶל־הָֽאָדָֽם׃ 23 וַיֹּאמֶר֮ הָֽאָדָם֒
זֹ֣את הַפַּ֗עַם עֶ֚צֶם מֵֽעֲצָמַ֔י וּבָשָׂ֖ר מִבְּשָׂרִ֑י
לְזֹאת֙ יִקָּרֵ֣א אִשָּׁ֔ה כִּ֥י מֵאִ֖ישׁ[a] לֻֽקְחָה־זֹּֽאת׃

VOCABULARY

as opposite him	כְּנֶגְדּוֹ
fowl, bird	עוֹף
and he brought	וַיָּבֵא (בּוֹא)
name	שֵׁם (שֵׁמוֹת)
and he caused to fall	וַיַּפֵּל (נָפַל)
deep sleep	תַּרְדֵּמָה
and he slept	וַיִּישַׁן (יָשֵׁן)
and he took	וַיִּקַּח (לָקַח)
and he placed him	וַיַּנִּיחֵהוּ (נוּחַ)
and he commanded	וַיְצַו (צִוָּה)
saying	לֵאמֹר (אָמַר)
being	הֱיוֹת (הָיָה)
alone, by himself	לְבַדּוֹ
help	עֵזֶר

it was taken	לֻקְּחָה (לָקַח)	rib (f.)	צֵלָע (צְלָעוֹת)
once, time (f.)	פַּעַם	and he closed	וַיִּסְגֹּר (סָגַר)
bone (f.)	עֶצֶם (עֲצָמוֹת)	flesh, *also* meat	בָּשָׂר
		in its place	תַּחְתֶּנָּה

EXPLANATORY NOTES

V. 15 וַיַּנִּחֵהוּ *and he placed him*, Hiphil imperfect of נוּחַ *to rest.*

לְעָבְדָהּ *to work it*, same as לַעֲבֹד אוֹתָהּ *to cultivate it* (f.). The Mappiq, the dot in the ה, indicates the pronominal suffix for the third-person feminine singular. The feminine gender refers to גַּן־עֵדֶן *the Garden of Eden.*

לְשָׁמְרָהּ *to guard, keep it* (f.), same as לִשְׁמֹר אוֹתָהּ.

V. 16 וַיְצַו (for וַיְצַוֶּה) *and he commanded*, Piel imperfect of צִוָּה *to command*, with Waw consecutive.

לֵאמֹר *saying*, Qal Infinitive construct (with preposition לְ) of אָמַר *to say*. This word is always followed by a direct quotation or direct speech.

V. 17 בְּיוֹם אֲכָלְךָ literally *in the day of your eating*, Qal Infinitive construct with pronominal suffix.

V. 18 הֱיוֹת *being*, Qal Infinitive construct of הָיָה *to be.*

עֵזֶר כְּנֶגְדּוֹ literally *a help as his opposite* or *a help as over against him* (a difficult phrase); the usual rendering is *a help meet for him.* נֶגֶד means *opposite, corresponding to.*

V. 19 וַיִּצֶר is the same as וַיִּיצֶר in Genesis 2:7, Qal imperfect of *to form.*

עוֹף *fowl, bird.* It is used in Biblical Hebrew collectively for "flying creatures."

וַיָּבֵא *and he brought*, Hiphil imperfect of בּוֹא *to come.*

Note the difference:

Qal		*Hiphil*	
יָבוֹא	he will come	יָבִיא	he will cause to come, bring
וַיָּבֹא	and he came	וַיָּבֵא	and he brought

לִרְאוֹת *to see*, Qal Infinitive construct of רָאָה *to see.*

שֵׁם *name* (m., pl. שֵׁמוֹת).

V. 20 מָצָא *he found*. For other ל״א verbs see V. 1, Lesson 1.

V. 21 וַיַּפֵּל *and he caused to fall*, Hiphil imperfect of נָפַל *to fall*. In most פ״נ verbs the נ is assimilated in the imperfect. In Qal נָפַל *he fell*; יִפֹּל (for יִנְפֹּל) *he will fall*; in Hiphil הִפִּיל (for הִנְפִּיל) *he caused to fall*; יַפִּיל (for יַנְפִּיל) *he will cause to fall*; וַיַּפֵּל (for וַיַּנְפֵּל) *and he caused to fall*. Remember that the imperfect with Waw consecutive usually assumes a shorter form wherever possible.

תַּחְתֶּנָּה *in her place*, *under it*, referring to צֵלָע *rib*, which is feminine. תַּחַת *under*.

V. 22 וַיִּבֶן *and he built*, Qal imperfect of בָּנָה *to build*, with Waw consecutive (see V. 7, Lesson 1).

וַיְבִאֶהָ *and he brought her*, Hiphil imperfect of בּוֹא. This is the same as וַיָּבֵא אוֹתָהּ (see V. 19).

V. 23 לֻקְחָה *she was taken*, Pual imperfect of לָקַח *to take* (for the use of the Pual, see Appendix 1).

לְזֹאת יִקָּרֵא literally *to this* [*one*] *it shall be called.* יִקָּרֵא is Niphal imperfect. Translate as *this* [f.] *one shall be called* (see Appendix 1 for the use of the verb patterns).

STUDY HINTS

1. This lesson contains a moving story. After you have worked your way through the more technical problems, take time to enjoy the section for its literary value.
2. Read Genesis 2:15–23, referring constantly to the Vocabulary and Explanatory Notes. You may notice that you are reading with less difficulty because of your increased vocabulary.
3. Try to discern the roots of all verbs and nouns. If you encounter any difficulty, refer to Appendixes 1, 2, and 3.
4. The notes on verses 19, 21, and 23 are especially important.
5. Read the verses in Exercise A several times until you are able to read them fluently.
6. For Exercises E and F consult, if necessary, Appendix 5 (English-Hebrew Vocabulary).

7. Try to do Exercise G without using any helps. Even if you have difficulties at first, do not reach immediately for the vocabulary aids; use them only as a last resort. Compare your translation with an English Bible.
8. Review all words in Word List 4. You have a good start toward building up a working vocabulary. However, constant repetition is a prime necessity; do not neglect it.
9. Do Exercises A, B, and G orally. Check Exercise B with the corresponding verses in an English Bible.
10. Write out the answers to Exercises C, D, E, and F.

EXERCISES

A. Rapidly read Genesis 2:21–23.

B. Translate into English Genesis 2:15, 17, 19, 22.

C. Give the plural:

1. גַּן	6. פַּעַם	11. נֶפֶשׁ
2. אִישׁ	7. שֵׁם	12. אַף
3. יוֹם	8. צֵלָע	13. צָבָא
4. חַיָּה	9. אִשָּׁה	14. אֶרֶץ
5. שָׂדֶה	10. עֶצֶם	15. אוֹר

D. Give the meaning and root of the following verbs:

1. וַיִּקַּח	6. וַיַּפֵּל	11. לְעָבְדָהּ
2. וַיַּנִּחֵהוּ	7. וַיְבִאֶהָ	12. אֶעֱשֶׂה
3. לְשָׁמְרָהּ	8. וַיִּבֶן	13. יִקְרָא
4. וַיְצַו	9. וַיִּישַׁן	14. וַיָּבֵא
5. לֵאמֹר	10. לֻקְחָה	15. תָּמוּת

E. Translate into Hebrew:

Example: he created בָּרָא; he will create יִבְרָא; and he created וַיִּבְרָא (use Waw consecutive)

1. he will come; and he came
2. he will bring; and he brought
3. and he fell; and he caused to fall
4. he fell; we fell; they fell
5. he will fall; we shall fall; they will fall
6. he built; he will build; and he built

7. he took; he will take; and he took
8. he called; he will call; and he called
9. he said; he will say; and he said
10. he planted; he will plant; and he planted

F. Translate into Hebrew (with or without vowels):

1. Of every tree of the garden you will eat.
2. We did not eat of the tree of knowledge of good and evil.
3. He has not found a help for Adam.
4. He took one of his ribs and built it as [translate "for"] a woman.
5. It is not good for man to be alone.

G. Translate into English:

1. וַיִּקַּח אֱלֹהִים אֶת־הָאָדָם וַיַּנִּיחֵהוּ בְגַן־עֵדֶן.
2. וַיְצַו אֱלֹהִים עַל־הָאָדָם לֵאמֹר לֹא תֹאכַל מֵעֵץ הַדַּעַת טוֹב וָרָע.
3. וַיָּבֵא אֱלֹהִים אֶת־כָּל־חַיַּת הַשָּׂדֶה אֶל־הָאָדָם וְהָאָדָם קָרָא שֵׁמוֹת לְכָל־חַיַּת הַשָּׂדֶה.
4. וַיִּקַּח אֱלֹהִים אֶת־הַצֵּלָע מִן־הָאָדָם וַיִּבֶן הַצֵּלָע לְאִשָּׁה וַיְבִאֶהָ אֶל־הָאָדָם.
5. וַיֹּאמֶר הָאָדָם הָאִשָּׁה הַזֹּאת הִיא עֶצֶם מֵעֲצָמַי, הִיא תִקָּרֵא אִשָּׁה.

WORD LIST 4

Words occurring in the Bible from 500 to 5000 times

living	חַי	to go up	עָלָה
good	טוֹב	to stand	עָמַד
hand	יָד (יָדַיִם)	to do, make	עָשָׂה
day	יוֹם (יָמִים)	to command	צִוָּה
priest	כֹּהֵן (כֹּהֲנִים)	to rise, stand	קוּם

SELF-CORRECTING EXERCISES

Study the example and complete each exercise (answers are given in Appendix 6).

Example: 1. סֵפֶר, אִישׁ — סֵפֶר הָאִישׁ
2. חַיָּה, שָׂדֶה — חַיַּת הַשָּׂדֶה

1. דָּבָר,[1] בֵּן
2. בַּיִת, אָב
3. עֵץ, דַּעַת
4. אוֹר, יוֹם

[1]For דָּבָר and בַּיִת see *Biblical Hebrew Step by Step*, vol. 1, p. 176.

5. פָּנִים, אִישׁ
6. מֶמְשָׁלָה, אֶרֶץ
7. אֱלֹהִים, אַבְרָהָם
8. יָד, אִשָּׁה
9. עוֹף, שָׁמַיִם
10. חַיִּים, עַם

Lesson Five
Genesis 3:1–13

3 1 וְהַנָּחָשׁ הָיָה עָרוּם מִכֹּל חַיַּת הַשָּׂדֶה אֲשֶׁר עָשָׂה יְהוָה אֱלֹהִים
וַיֹּאמֶר אֶל־הָאִשָּׁה אַף[a] כִּי־אָמַר אֱלֹהִים לֹא תֹאכְלוּ מִכֹּל עֵץ הַגָּן׃
2 וַתֹּאמֶר הָאִשָּׁה אֶל־הַנָּחָשׁ מִפְּרִי[a] עֵץ־[b]הַגָּן נֹאכֵל׃ 3 וּמִפְּרִי הָעֵץ
אֲשֶׁר בְּתוֹךְ־הַגָּן אָמַר אֱלֹהִים לֹא תֹאכְלוּ מִמֶּנּוּ וְלֹא תִגְּעוּ בּוֹ פֶּן־
תְּמֻתוּן׃ 4 וַיֹּאמֶר הַנָּחָשׁ אֶל־הָאִשָּׁה לֹא־מוֹת תְּמֻתוּן׃ 5 כִּי יֹדֵעַ
אֱלֹהִים כִּי בְּיוֹם אֲכָלְכֶם מִמֶּנּוּ וְנִפְקְחוּ עֵינֵיכֶם וִהְיִיתֶם כֵּאלֹהִים יֹדְעֵי
טוֹב וָרָע׃ 6 וַתֵּרֶא הָאִשָּׁה כִּי טוֹב הָעֵץ לְמַאֲכָל וְכִי תַאֲוָה־הוּא
לָעֵינַיִם וְנֶחְמָד הָעֵץ[a] לְהַשְׂכִּיל וַתִּקַּח מִפִּרְיוֹ וַתֹּאכַל וַתִּתֵּן גַּם־לְאִישָׁהּ
עִמָּהּ וַיֹּאכַל[b]׃ 7 וַתִּפָּקַחְנָה עֵינֵי שְׁנֵיהֶם וַיֵּדְעוּ כִּי עֵירֻמִּם הֵם וַיִּתְפְּרוּ
עֲלֵה[a] תְאֵנָה וַיַּעֲשׂוּ לָהֶם חֲגֹרֹת׃ 8 וַיִּשְׁמְעוּ אֶת־קוֹל יְהוָה אֱלֹהִים
מִתְהַלֵּךְ בַּגָּן לְרוּחַ הַיּוֹם וַיִּתְחַבֵּא הָאָדָם וְאִשְׁתּוֹ מִפְּנֵי יְהוָה אֱלֹהִים
בְּתוֹךְ עֵץ הַגָּן׃ 9 וַיִּקְרָא יְהוָה אֱלֹהִים אֶל־הָאָדָם וַיֹּאמֶר לוֹ אַיֶּכָּה׃
10 וַיֹּאמֶר אֶת־קֹלְךָ שָׁמַעְתִּי בַּגָּן וָאִירָא[a] כִּי־עֵירֹם אָנֹכִי וָאֵחָבֵא׃
11 וַיֹּאמֶר מִי הִגִּיד לְךָ כִּי עֵירֹם אָתָּה הֲמִן־הָעֵץ אֲשֶׁר צִוִּיתִיךָ לְבִלְתִּי
אֲכָל־מִמֶּנּוּ אָכָלְתָּ׃ 12 וַיֹּאמֶר הָאָדָם הָאִשָּׁה אֲשֶׁר נָתַתָּה עִמָּדִי הִוא
נָתְנָה־לִּי מִן־הָעֵץ וָאֹכֵל׃ 13 וַיֹּאמֶר יְהוָה אֱלֹהִים לָאִשָּׁה מַה־זֹּאת
עָשִׂית וַתֹּאמֶר הָאִשָּׁה הַנָּחָשׁ הִשִּׁיאַנִי וָאֹכֵל׃

VOCABULARY

you will die	תְּמֻתוּן (מוּת)	serpent	נָחָשׁ
to open (eyes)	פָּקַח	subtle	עָרוּם
and she saw	וַתֵּרֶא (רָאָה)	yea, also	אַף
desired, coveted	נֶחְמָד (חָמַד)	you shall eat	תֹּאכְלוּ (אָכַל)
to make one wise	לְהַשְׂכִּיל (שָׂכַל)	fruit	פְּרִי
naked	עֵרוֹם	you will touch	תִּגְּעוּ (נָגַע)
to sew	תָּפַר	lest	פֶּן

to be afraid	יָרֵא	fig	תְּאֵנָה (תְּאֵנִים)
he told	הִגִּיד (נָגַד)	leaf	עָלֶה (עָלִים)
he deceived me	הִשִּׁיאַנִי (נָשָׁא)	girdle, belt	חֲגוֹרָה
not, in order not	לְבִלְתִּי	wind	רוּחַ (רוּחוֹת)
delight	תַּאֲוָה	to hide	חָבָא (וַיִּתְחַבֵּא)
		where?	אַיֵּה (אַיֶּכָּה)

EXPLANATORY NOTES

V. 1 נָחָשׁ *serpent*. One of the medieval commentators regards the serpent as "a symbol of the tempter to sin, i.e., Satan."

עָרוּם מ– *more subtle than*. When an adjective is followed by –מ or –מִן, it expresses the comparative degree: חָכָם *wise*, חָכָם מִדָּוִד *wiser than David*; טוֹב *good*, טוֹב מִמֶּנּוּ *better than he*.

V. 3 מִמֶּנּוּ *from it*. It is important to know by now the full declension of מִן *from*.

תִּגְּעוּ *you shall touch*, Qal imperfect of נָגַע. The נ is assimilated in the Qal imperfect and imperative of פ״נ verbs. The verb נָגַע *to touch* takes the preposition בְּ: נָגַע בּוֹ *he touched him;* נָגְעָה בַּפְּרִי *she touched the fruit.*

תְּמֻתוּן *you will die*, Qal imperfect of מוּת. The final ן (termed *nun paragogicum*) is archaic, possibly of Aramaic origin.

V. 5 וְנִפְקְחוּ *and they will be opened*, Niphal perfect of פָּקַח *to open* (see Appendix 1 on verb patterns). The usual word for *to open* is פָּתַח. פָּקַח is used in reference to "eyes." פָּתַח אֶת־הַשַּׁעַר *he opened the gate*; פָּקַח אֶת־עֵינָיו *he opened his eyes*.

V. 6 וַתֵּרֶא *and she saw*, Qal imperfect of רָאָה *to see*, with Waw consecutive.

מַאֲכָל *food*, noun from אָכַל *to eat*.

לְהַשְׂכִּיל *to make one wise*, Hiphil Infinitive construct of שָׂכַל.

Hiphil is the causative verb pattern: *to make* or *cause someone to do something*.

אִישָׁהּ   *her man, her husband*, from אִישׁ. Note the differences: אִישָׁהּ *her man*; אִשָּׁה *a woman*.

V. 7   וַתִּפָּקַחְנָה   *and they were opened*, Niphal imperfect of פָּקַח (see V. 5).

V. 8   מִתְהַלֵּךְ   *walking about*, Hithpael participle of הָלַךְ (see Appendix 1 on verb patterns). הוֹלֵךְ *walking*, Qal participle of הָלַךְ.

לְרוּחַ הַיּוֹם   literally *to the breeze of the day* or *in the cool of the day*.

וַיִּתְחַבֵּא   *and he hid himself*, Hithpael of חָבָא *to hide*. This root is used also in Niphal with the same meaning. See V. 10 וָאֵחָבֵא *and I hid myself*.

V. 9   אַיֶּכָּה   *where art thou?* from אַיֵּה *where?* The suffix כָּה– is the same as the more regular ךָ–. Another word for *where?* is אֵיפֹה.

V. 10   וָאִירָא   *and I was afraid*, Qal imperfect of יָרֵא, *to be afraid*. Do not confuse this word with רָאָה *to see*. וָאֵרֶא *and I saw*.

V. 11   הִגִּיד   *he told*, Hiphil perfect of נָגַד *to tell*.

V. 12   עִמָּדִי   *with me*. Compare אִתִּי and עִמִּי.

V. 13   הִשִּׁיאַנִי   *he deceived me*, Hiphil perfect of נָשָׁא. Do not confuse this word with נָשָׂא *to lift, carry*.

STUDY HINTS

1. With this lesson you will greatly increase your Hebrew word power. Read and reread Exercise A until the verses are firmly in your mind. Memorize the new Word List and review all the preceding ones. It will be very helpful to you if you put the words in these lists on separate flash cards for easier review. As the third prong in your attack on the Hebrew vocabulary, concentrate on recognizing the simple roots in longer words, as in Exercise B.

2. Study carefully the Explanatory Notes on verses 1, 6, 8, 10, and 13.

3. Your next lesson will be a test on the first five lessons. Review what you have learned so far. If you have any questions, ask your instructor to help you with them.

4. Do Exercises A, E, and G orally.
5. Write out the answers to Exercises B, C, D, and F.

EXERCISES

A. Rapidly read Genesis 3:1–3.

B. Give the exact meaning and the root of the following:

1. נִפְקְחוּ
2. תֹּאכְלוּ
3. תִּגְּעוּ
4. תְּמֻתוּן
5. מִתְהַלֵּךְ
6. וִהְיִיתֶם
7. וַתֵּרֶא
8. וַתִּקַּח
9. וַתִּתֵּן
10. וַיִּתְחַבֵּא
11. וַיֵּדְעוּ
12. וַיִּתְפְּרוּ
13. וַיַּעֲשׂוּ
14. צִוִּיתִיךָ
15. הִשִּׁאַנִי
16. וַיַּרְא
17. וַיִּירָא
18. עָשִׂית
19. וַתִּירָא
20. הִגִּיד

C. Give the plural without vowels:

1. חַיָּה
2. שָׂדֶה
3. אִשָּׁה
4. עֵץ
5. עַיִן
6. אִישׁ
7. הוּא
8. חֲגוֹרָה
9. רוּחַ
10. יוֹם
11. קוֹל
12. אֲנִי
13. אַתָּה
14. תְּאֵנָה
15. עָלֶה

D. Study the following examples with vowels (see Supplement C if necessary):

אָכַל	he ate	וְאָכַל	and he will eat
יֹאכַל	he will eat	וַיֹּאכַל	and he ate

Give the corresponding forms of the following verbs (four forms for each):

1. אָמַר say	3. הָיָה be	5. עָשָׂה do, make	7. לָקַח take
2. נָתַן give	4. רָאָה see	6. נָגַע touch	8. נָטַע plant

E. Translate into English:

1. הַנָּחָשׁ הָיָה רָע וְעָרוּם מִכֹּל חַיַּת הַשָּׂדֶה.
2. אָמְרָה הָאִשָּׁה אֶל־הַנָּחָשׁ: מִפְּרִי הָעֵץ אֲשֶׁר בְּתוֹךְ־הַגָּן נֹאכַל.
3. הָיוּ כֵּאלֹהִים. עֵינֵיהֶם נִפְקְחוּ וַיִּתְחַבְּאוּ בְּתוֹךְ עֵץ הַגָּן.
4. הָעֵץ הָיָה טוֹב לְמַאֲכָל וְתַאֲוָה לָעֵינַיִם.
5. וַיִּתְפְּרוּ עֲלֵה תְאֵנָה וַיַּעֲשׂוּ חֲגוֹרוֹת.

F. Translate into Hebrew without vowels:

The serpent came to the garden and said to the woman: "If you eat from the fruit of the tree you shall not surely die, for the tree is good for food and a delight to the eyes." The woman took of its fruit and she also gave to Adam.

G. Translate Genesis 3:8–11 into English and compare your translation with the corresponding verses in an English Bible.

WORD LIST 5

Words occurring in the Bible from 500 to 5000 times

heart	לֵב (לְבָבוֹת)	to see	רָאָה
hundred	מֵאָה	to put	שִׂים
water	מַיִם	to return	שׁוּב
king	מֶלֶךְ (מְלָכִים)	to send	שָׁלַח
soul (f.)	נֶפֶשׁ (נְפָשׁוֹת)	to hear	שָׁמַע

SELF-CORRECTING EXERCISES

Study the example well and complete each exercise (answers are given in Appendix 6). You may refer to Appendix 3.

Example: and he created וַיִּבְרָא; he will create יִבְרָא; he created בָּרָא

1. בָּרָא	6. קָרָא
2. לָקַח	7. נָגַע
3. אָכַל	8. הָיָה
4. נָתַן	9. בָּנָה
5. רָאָה	10. עָשָׂה

Lesson Six
Review and Test

STUDY HINTS

1. This lesson is devoted to general review. You are strongly advised to review all the Vocabularies and Explanatory Notes. Review all the texts in Genesis covered in the previous five Lessons.
2. Go over the assignments carefully and study the corrections made in your written work. List your corrected errors and note them carefully. The worst thing a student can do is to repeat his errors.
3. The following test is similar to the one-hour "Six-Weeks Examination" for this course given at the University of Wisconsin-Madison. You may spend more than one hour for this test, but if you can do it in one hour with few errors, it is an indication that you are making satisfactory progress. Do not consult your notes at first. After completion of your examination, check with your Notes and the Vocabularies and correct your errors.

TEST 1

A. Translate any eight of the following verses into English:

1. וְהָאָרֶץ הָיְתָה תֹהוּ וָבֹהוּ וְחֹשֶׁךְ עַל־פְּנֵי תְהוֹם.
2. וַיַּבְדֵּל אֱלֹהִים בֵּין הָאוֹר וּבֵין הַחֹשֶׁךְ.
3. יְהִי מְאוֹרוֹת בִּרְקִיעַ הַשָּׁמַיִם וְהָיוּ לְאוֹתוֹת וּלְמוֹעֲדִים וּלְיָמִים וּלְשָׁנִים.
4. וַיִּתֵּן אֱלֹהִים אֶת־הַמְּאוֹרוֹת בִּרְקִיעַ הַשָּׁמַיִם לִמְשֹׁל בַּיּוֹם וּבַלַּיְלָה.
5. וַיִּבְרָא אֱלֹהִים אֶת־הָאָדָם בְּצַלְמוֹ בְּצֶלֶם אֱלֹהִים בָּרָא אוֹתוֹ.
6. וְאֵד יַעֲלֶה מִן־הָאָרֶץ וְהִשְׁקָה אֶת־כָּל־פְּנֵי־הָאֲדָמָה.

7. וַיִּקַּח אֱלֹהִים אֶת־הָאָדָם וַיַּנִּחֵהוּ בְגַן־עֵדֶן לְעָבְדָהּ וּלְשָׁמְרָהּ.
8. לֹא־טוֹב הֱיוֹת הָאָדָם לְבַדּוֹ.
9. וַתֵּרֶא הָאִשָּׁה כִּי טוֹב הָעֵץ לְמַאֲכָל וַתִּקַּח מִפִּרְיוֹ.
10. אֶת־קוֹלְךָ שָׁמַעְתִּי בַּגָּן וָאִירָא וָאֵחָבֵא.
11. וַיִּתְפְּרוּ עֲלֵה תְאֵנָה וַיַּעֲשׂוּ לָהֶם חֲגוֹרוֹת.
12. הָעֵץ הָיָה טוֹב לְמַאֲכָל וְתַאֲוָה לָעֵינַיִם.

B. Give (1) the exact meaning(s) and (2) the root of any twelve of the following verbs:

1. הָיְתָה
2. וַיַּרְא
3. וַיְהִי
4. וַיַּעַשׂ
5. וַיַּבְדֵּל
6. וַיִּקַּח
7. וַיִּטַּע
8. וַיֹּאמֶר
9. בָּא
10. וָאִירָא
11. הִשִּׁיאַנִי
12. וַיִּתְחַבֵּא
13. צִוִּיתִיךָ
14. וַתִּתֵּן
15. וַיְבִיאֶהָ

C. Give the plural of any twelve of the following:

1. אֶרֶץ
2. יוֹם
3. אוֹר
4. לַיְלָה
5. צֶלֶם
6. עַיִן
7. אִשָּׁה
8. חַיָּה
9. עֵץ
10. שָׁנָה
11. רוּחַ
12. תְּאֵנָה
13. יָד
14. שֵׁם
15. קוֹל

D. Translate the following sentences into English:

1. אָמַר אֱלֹהִים אֶל־הָאָדָם וְאֶל־אִשְׁתּוֹ: לֹא תֹאכְלוּ מִפְּרִי הָעֵץ.
2. אָמַר הָאָדָם כִּי הָאִשָּׁה נָתְנָה־לוֹ אֶת־הַפְּרִי מִן־הָעֵץ.
3. רָאֲתָה הָאִשָּׁה כִּי טוֹב הַפְּרִי לְמַאֲכָל.
4. קָרָא הָאָדָם שֵׁמוֹת לְכָל חַיַּת הַשָּׂדֶה.
5. נָתַן אֱלֹהִים אֶת־הַמְּאוֹרוֹת בִּרְקִיעַ הַשָּׁמַיִם.
6. הַנָּחָשׁ הָיָה עָרוּם וְהָאִישׁ הָיָה עֵרוֹם.
7. כַּאֲשֶׁר אָכְלוּ מִפְּרִי הָעֵץ, נִפְקְחוּ עֵינֵיהֶם.
8. הָאִשָּׁה הַזֹּאת הִיא עֶצֶם מֵעֲצָמַי.

E. Translate into English eighteen of the following (from the Vocabularies):

1. אוֹר
2. צֵלָע
3. בָּנָה
4. לָקַח
5. נְשָׁמָה
6. הִגִּיד
7. נָטַע
8. תְּאֵנָה
9. נָגַע
10. חֲגוֹרָה
11. בָּשָׂר
12. פַּעַם

13. סָגַר	16. וַתֵּרֶא	19. יָרֵא
14. נָחָשׁ	17. פָּקַח	20. אַיֵּה
15. פְּרִי	18. רָאָה	

F. Give the Hebrew for any fifteen of the following (from the Word Lists):

Verbs	*Nouns*
1. go up	11. man, mankind
2. carry, lift up	12. way, road
3. turn	13. soul
4. send	14. hundred
5. speak	15. brother
6. come	16. house
7. go out	17. word, thing
8. do, make	18. priest
9. know	19. heart
10. dwell, sit	20. mountain

This structure in Hebron above the traditional site of the Cave of Machpelah is revered by both Jews and Muslims as the burial place of Abraham and Sarah (Gen. 23:19; 25:9).

Lesson Seven
Genesis 5:1–11, 28–32

5 1 זֶה סֵפֶר תּוֹלְדֹת אָדָם בְּיוֹם בְּרֹא אֱלֹהִים אָדָם בִּדְמוּת אֱלֹהִים
עָשָׂה אֹתוֹ׃ 2 זָכָר וּנְקֵבָה בְּרָאָם וַיְבָרֶךְ אֹתָם וַיִּקְרָא אֶת־שְׁמָם אָדָם
בְּיוֹם הִבָּרְאָם׃ ס 3 וַיְחִי אָדָם שְׁלֹשִׁים וּמְאַת שָׁנָה וַיּוֹלֶד[a]
[b]בִּדְמוּתוֹ כְּצַלְמוֹ[b] וַיִּקְרָא אֶת־שְׁמוֹ שֵׁת׃ 4 וַיִּהְיוּ יְמֵי־אָדָם אַחֲרֵי
הוֹלִידוֹ אֶת־שֵׁת שְׁמֹנֶה מֵאֹת שָׁנָה וַיּוֹלֶד בָּנִים וּבָנוֹת׃ 5 וַיִּהְיוּ כָּל־יְמֵי
אָדָם אֲשֶׁר־חַי תְּשַׁע מֵאוֹת שָׁנָה וּשְׁלֹשִׁים שָׁנָה וַיָּמֹת׃ ס 6 וַיְחִי־
שֵׁת חָמֵשׁ שָׁנִים וּמְאַת שָׁנָה וַיּוֹלֶד אֶת־אֱנוֹשׁ׃ 7 וַיְחִי־שֵׁת אַחֲרֵי הוֹלִידוֹ
אֶת־אֱנוֹשׁ שֶׁבַע שָׁנִים וּשְׁמֹנֶה מֵאוֹת שָׁנָה וַיּוֹלֶד בָּנִים וּבָנוֹת׃ 8 וַיִּהְיוּ
כָּל־יְמֵי־שֵׁת שְׁתֵּים עֶשְׂרֵה שָׁנָה וּתְשַׁע מֵאוֹת שָׁנָה וַיָּמֹת׃ ס 9 וַיְחִי
אֱנוֹשׁ תִּשְׁעִים שָׁנָה וַיּוֹלֶד אֶת־קֵינָן׃ 10 וַיְחִי אֱנוֹשׁ אַחֲרֵי הוֹלִידוֹ אֶת־
קֵינָן חֲמֵשׁ עֶשְׂרֵה שָׁנָה וּשְׁמֹנֶה מֵאוֹת שָׁנָה וַיּוֹלֶד בָּנִים וּבָנוֹת׃ 11 וַיִּהְיוּ
כָּל־יְמֵי אֱנוֹשׁ חָמֵשׁ שָׁנִים וּתְשַׁע מֵאוֹת שָׁנָה וַיָּמֹת׃
פ 28 וַיְחִי־לֶמֶךְ [a]שְׁתַּיִם וּשְׁמֹנִים שָׁנָה וּמְאַת
שָׁנָה וַיּוֹלֶד בֵּן׃ 29 וַיִּקְרָא אֶת־שְׁמוֹ נֹחַ לֵאמֹר זֶה יְנַחֲמֵנוּ מִמַּעֲשֵׂנוּ
וּמֵעִצְּבוֹן יָדֵינוּ מִן־הָאֲדָמָה אֲשֶׁר אֵרְרָהּ יְהוָה׃ 30 וַיְחִי־לֶמֶךְ אַחֲרֵי
הוֹלִידוֹ אֶת־נֹחַ [a]חָמֵשׁ וְתִשְׁעִים שָׁנָה וַחֲמֵשׁ מֵאֹת[a] שָׁנָה וַיּוֹלֶד בָּנִים
וּבָנוֹת׃ 31 וַיְהִי[a] כָּל־יְמֵי־לֶמֶךְ [b]שֶׁבַע וְשִׁבְעִים שָׁנָה וּשְׁבַע מֵאוֹת[b] שָׁנָה
וַיָּמֹת׃ ס 32 וַיְהִי־נֹחַ בֶּן־חֲמֵשׁ מֵאוֹת שָׁנָה וַיּוֹלֶד נֹחַ אֶת־שֵׁם אֶת־[a]
חָם וְאֶת־יָפֶת׃

VOCABULARY

likeness	דְּמוּת (דָּמָה)	the generations of	תּוֹלְדוֹת (יָלַד)

daughter	בַּת (בָּנוֹת)	male	זָכָר
living, alive (adj.)	חַי	female	נְקֵבָה
and he died	וַיָּמֹת (מוּת)	to create	בָּרָא
saying, to say	לֵאמֹר (אָמַר)	to bless	בֵּרֵךְ
this (m.)	זֶה	and he lived	וַיְחִי (חָיָה)
he shall comfort us	יְנַחֲמֵנוּ (נָחַם)	a hundred of	מְאַת
of our work	מִמַּעֲשֵׂנוּ (עָשָׂה)	and he begat	וַיּוֹלֶד (יָלַד)
labor, toil	עִצָּבוֹן	image	צֶלֶם (צְלָמִים)
earth	אֲדָמָה	after	אַחֲרֵי
he hath cursed it (f.)	אֵרְרָהּ (אָרַר)	his begetting	הוֹלִידוֹ (יָלַד)
		hundred	מֵאָה (מֵאוֹת)

EXPLANATORY NOTES

You are strongly advised to review the Hebrew numerals in Weingreen, *Practical Grammar*, pp. 242–45, or in *Biblical Hebrew Step by Step*, vol. 1, pp. 154–57. This lesson makes much use of the Hebrew numerals.

V. 1 זֶה סֵפֶר *this is a book [of]*; but הַסֵּפֶר הַזֶּה *this book.*

תּוֹלְדוֹת *the generations of*, from יָלַד *to give birth.* This word is found only in the plural.

בְּרֹא *creating*, Qal Infinitive construct, not a finite verb as translated into English. This construction is common in Hebrew.

אֹתוֹ *him*, direct object of the verb עָשָׂה. It is formed with אֶת, the particle indicating the direct object, which is declined as follows:

us	אֹתָנוּ	me	אֹתִי
you (m.)	אֶתְכֶם	thee (m.)	אֹתְךָ
you (f.)	אֶתְכֶן	thee (f.)	אֹתָךְ
them (m.)	אֹתָם	him	אֹתוֹ
them (f.)	אֹתָן	her	אֹתָהּ

V. 2 בְּרָאָם *he created them*. It is equivalent to בָּרָא אֹתָם.

הִבָּרְאָם *they were created*, literally *their being created*, Niphal Infinitive construct of בָּרָא *to create*.

V. 3 וַיְחִי *and he lived*, from חָיָה *to live*. יִחְיֶה *he will live*, with Waw consecutive, becomes וַיְחִי. Compare וַיְהִי *and he was*, from הָיָה *to be*.

וַיּוֹלֶד *and he begat*, Hiphil imperfect of יָלַד *to give birth*. Compare הוֹלִידוֹ in Genesis 5:4, a Hiphil Infinitive construct.

וַיִּקְרָא *and he called*, from קָרָא *to call*.

V. 4 יְמֵי *the days of*, plural construct of יָמִים, from יוֹם *day*.

בָּנוֹת *daughters*, plural of בַּת.

V. 5 וַיָּמֹת *and he died*; יָמוּת *he shall die*, Qal imperfect of מוּת *to die*, with Waw consecutive. וַיָּמֹת is a pausal form for וַיָּמָת.

V. 6 שָׁנִים *years*, irregular plural of שָׁנָה.

V. 8 שְׁתֵּים עֶשְׂרֵה *twelve*, from שְׁתַּיִם *two* (f.) and עֶשֶׂר *ten*. Note the following:

שְׁתֵּים עֶשְׂרֵה *twelve* (f.), used with feminine nouns.

שְׁנֵים עָשָׂר *twelve* (m.), used with masculine nouns.

V. 29 לֵאמֹר *to say*, *saying*. This is usually followed by a quotation or direct speech.

יְנַחֲמֵנוּ *he shall comfort us*, Piel imperfect of נָחַם *to comfort*, with the pronominal suffix נוּ– *us*.

מִמַּעֲשֵׂנוּ *from our work*. This word is made up of מִן, מַעֲשֶׂה, and the pronominal suffix נוּ– *our*. מַעֲשֶׂה *deed*, *work*, from עָשָׂה *to do*, *make*.

וּמֵעִצְּבוֹן יָדֵינוּ *and from the toil of our hands*.

אֵרְרָהּ *He* [i.e., *the Lord*] *cursed it*, Piel perfect of אָרַר *to curse*. *It* is feminine, referring to אֲדָמָה.

V. 32 בֶּן־חֲמֵשׁ מֵאוֹת שָׁנָה literally, *the son of five hundred years* or *five hundred years old*. To express the age of a person, בֵּן *son* is used for a male and בַּת *daughter* for a female: הוּא בֶּן־עֶשֶׂר שָׁנִים *he is ten years old*; רָחֵל בַּת־שֶׁבַע שָׁנִים *Rachel is seven years old*.

STUDY HINTS

1. For this lesson it will be helpful to review Hebrew numerals. See Weingreen, *Practical Grammar*, pp. 242–45, or *Biblical Hebrew Step by Step*, vol. 1, pp. 154–57. Genesis 5:1–11 consists of genealogical material, the lists of the descendants of Adam. This lesson should serve as a good opportunity for you to master the numerals in Hebrew. It will be beneficial to translate the rest of the chapter, vv. 12–27, as well.
2. Note the following forms:

feminine	*masculine*				
עֶשֶׂר	עֲשָׂרָה	ten,	*but*	עֶשְׂרִים	twenty
שָׁלֹשׁ	שְׁלֹשָׁה	three,	*but*	שְׁלֹשִׁים	thirty
אַרְבַּע	אַרְבָּעָה	four,	*but*	אַרְבָּעִים	forty
חָמֵשׁ	חֲמִשָּׁה	five,	*but*	חֲמִשִּׁים	fifty
שֵׁשׁ	שִׁשָּׁה	six,	*but*	שִׁשִּׁים	sixty
שֶׁבַע	שִׁבְעָה	seven,	*but*	שִׁבְעִים	seventy
שְׁמוֹנֶה	שְׁמוֹנָה	eight,	*but*	שְׁמֹנִים	eighty
תֵּשַׁע	תִּשְׁעָה	nine	*but*	תִּשְׁעִים	ninety

3. Note: מֵאָה *hundred*; מְאַת *a hundred of*; מֵאוֹת *hundreds*. In Biblical Hebrew we find שְׁלֹשִׁים וּמְאַת שָׁנָה *one hundred and thirty years* (literally *thirty and a hundred years*).
4. Several nouns of time in Hebrew always appear in the singular with tens (e.g., 10, 30, 80) or hundreds (e.g., 200, 400, 900).

   one day יוֹם אֶחָד *but* thirty days שְׁלֹשִׁים יוֹם

   six days שִׁשָּׁה יָמִים six hundred years שֵׁשׁ מֵאוֹת שָׁנָה

   thirty-four days שְׁלֹשִׁים וְאַרְבָּעָה יָמִים

   Also note שְׁלֹשִׁים וּמְאַת שָׁנָה in Study Hint 3.
5. The Explanatory Note on V. 32 is important. To express the age of a person we use בֵּן *son* for a male and בַּת *daughter* for a female. Compare הָיָה נֹחַ בֶּן־חֲמֵשׁ מֵאוֹת שָׁנָה *Noah was the son of five hundred years* or *Noah was five hundred years old*; שָׂרָה בַּת־תִּשְׁעִים שָׁנָה *Sarah is ninety years old.*
6. Review well the Explanatory Notes on verses 1, 3, and 32.
7. Remember that Exercise A is devoted to reading practice. For a few days,

review only these verses until you can recite them almost by heart, or at the same speed as your tape.

8. For practice, do Exercises D and E orally. Check your translation with an English Bible.
9. Write out the answers to Exercises B, C, and F.

EXERCISES

A. Rapidly read Genesis 5:1–2.

B. Give the English equivalent:

1. שְׁלֹשִׁים
2. מֵאָה
3. אַרְבָּעָה
4. שִׁבְעָה
5. עֶשְׂרִים וּשְׁלֹשָׁה
6. שְׁמוֹנֶה מֵאוֹת
7. תִּשְׁעִים וַחֲמִשָּׁה
8. מֵאָה וְעֶשְׂרִים
9. שְׁמוֹנֶה מֵאוֹת
10. חֲמֵשׁ עֶשְׂרֵה
11. שִׁשִּׁים וָתֵשַׁע
12. שְׁלֹשִׁים וּשְׁלֹשָׁה
13. שְׁתֵּים עֶשְׂרֵה
14. חֲמֵשׁ מֵאוֹת
15. תְּשַׁע מֵאוֹת וּשְׁלֹשִׁים
16. שְׁתַּיִם וּשְׁמוֹנִים
17. שְׁנֵים עָשָׂר
18. עֶשֶׂר, עֲשָׂרָה
19. שִׁבְעָה וְשִׁבְעִים
20. אֶלֶף וּשְׁלֹשׁ מֵאוֹת

C. Give the exact meaning and the root of the following:

1. תּוֹלְדוֹת
2. דְּמוּת
3. יְנַחֲמֵנוּ
4. וַיְבָרֶךְ
5. הִבָּרְאָם
6. וַיְחִי
7. וַיּוֹלֶד
8. וַיִּהְיוּ
9. וַיָּמֹת
10. הוֹלִידוֹ
11. בְּרָאָם
12. אֵרְרָהּ
13. לֵאמֹר
14. וַיִּקְרָא
15. וַיְהִי

D. Translate into English Genesis 5:1–3, 7, 29.

E. Translate from Genesis 5 (note the following proper names: אֱנוֹשׁ *Enosh*; שֵׁת *Seth*; חֲנוֹךְ *Enoch*; מְתוּשֶׁלַח *Methuselah*):

1. וַיְחִי־שֵׁת אַחֲרֵי הוֹלִידוֹ אֶת־אֱנוֹשׁ שֶׁבַע שָׁנִים וּשְׁמֹנֶה מֵאוֹת שָׁנָה וַיּוֹלֶד בָּנִים וּבָנוֹת.
2. וַיִּהְיוּ כָּל־יְמֵי־שֵׁת שְׁתֵּים עֶשְׂרֵה שָׁנָה וּתְשַׁע מֵאוֹת שָׁנָה וַיָּמֹת.
3. וַיְהִי כָּל־יְמֵי חֲנוֹךְ חָמֵשׁ וְשִׁשִּׁים שָׁנָה וּשְׁלֹשׁ מֵאוֹת שָׁנָה.
4. וַיִּתְהַלֵּךְ חֲנוֹךְ אֶת־הָאֱלֹהִים וְאֵינֶנּוּ כִּי־לָקַח אֹתוֹ אֱלֹהִים.
5. וַיִּהְיוּ כָּל־יְמֵי מְתוּשֶׁלַח תֵּשַׁע וְשִׁשִּׁים שָׁנָה וּתְשַׁע מֵאוֹת שָׁנָה וַיָּמֹת.

F. Translate into Hebrew:

1. Adam is ten years old.
2. She is four years old.

3. God created them male and female.

4. And he called his name Noah.

5. And Adam lived nine hundred and thirty years, and he died.

WORD LIST 6

Words occurring in the Bible from 200 to 5000 times

servant	עֶבֶד (עֲבָדִים)	to love	אָהַב
eye, fountain	עַיִן (עֵינַיִם)	to gather	אָסַף
city	עִיר (עָרִים)	to build	בָּנָה
people	עַם (עַמִּים)	to seek	בִּקֵּשׁ
face (pl. only)	פָּנִים	to bless	בָּרַךְ

SELF-CORRECTING EXERCISES

Note שָׁנָה, שָׁנִים—feminine (answers are given in Appendix 6). See Study Hints 2, 3, 4, and 5.

Example: (הִיא) הוּא בֶּן־עֶשֶׂר שָׁנִים

הִיא בַּת עֶשֶׂר שָׁנִים

1. הוּא בֶּן־עֶשֶׂר שָׁנִים (הִיא)
2. הִיא בַּת־חָמֵשׁ שָׁנִים (הוּא)
3. הָאִישׁ בֶּן־עֶשְׂרִים וְשָׁלֹשׁ שָׁנִים (הָאִשָּׁה)
4. שָׂרָה בַּת־תִּשְׁעִים וְאַרְבַּע שָׁנִים (אַבְרָהָם)
5. הַיֶּלֶד בֶּן־יוֹם אֶחָד (הַיַּלְדָּה)
6. שָׂרָה בַּת־חֲמִשִּׁים שָׁנָה (דָּוִד)
7. הָאָב בֶּן־שְׁמוֹנִים שָׁנָה (הָאֵם)
8. הַבַּת בַּת־שְׁלֹשִׁים וּשְׁמוֹנֶה שָׁנִים (הַבֵּן)
9. הָאִישׁ הַזָּקֵן בֶּן־מֵאָה שָׁנָה (הָאִשָּׁה)
10. הָאִשָּׁה בַּת־שִׁשִּׁים שָׁנָה (הָאִישׁ)

Lesson Eight

Genesis 7:1–10

7 1 וַיֹּאמֶר יְהוָה לְנֹחַ בֹּא־אַתָּה וְכָל־בֵּיתְךָ אֶל־הַתֵּבָה כִּי־אֹתְךָ
רָאִיתִי צַדִּיק לְפָנַי בַּדּוֹר הַזֶּה׃ 2 מִכֹּל ׀ הַבְּהֵמָה הַטְּהוֹרָה תִּקַּח־לְךָ
שִׁבְעָה שִׁבְעָה אִישׁ וְאִשְׁתּוֹ וּמִן־הַבְּהֵמָה אֲשֶׁר לֹא טְהֹרָה הִוא שְׁנַיִם
אִישׁ וְאִשְׁתּוֹ׃ 3 גַּם מֵעוֹף הַשָּׁמַיִם שִׁבְעָה שִׁבְעָה זָכָר וּנְקֵבָה לְחַיּוֹת
זֶרַע עַל־פְּנֵי כָל־הָאָרֶץ׃ 4 כִּי לְיָמִים עוֹד שִׁבְעָה אָנֹכִי מַמְטִיר עַל־
הָאָרֶץ אַרְבָּעִים יוֹם וְאַרְבָּעִים לָיְלָה וּמָחִיתִי אֶת־כָּל־הַיְקוּם אֲשֶׁר
עָשִׂיתִי מֵעַל פְּנֵי הָאֲדָמָה׃ 5 וַיַּעַשׂ נֹחַ כְּכֹל אֲשֶׁר־צִוָּהוּ יְהוָה׃
6 וְנֹחַ בֶּן־שֵׁשׁ מֵאוֹת שָׁנָה וְהַמַּבּוּל הָיָה מַיִם עַל־הָאָרֶץ׃ 7 וַיָּבֹא נֹחַ
וּבָנָיו וְאִשְׁתּוֹ וּנְשֵׁי־בָנָיו אִתּוֹ אֶל־הַתֵּבָה מִפְּנֵי מֵי הַמַּבּוּל׃ 8 מִן־
הַבְּהֵמָה הַטְּהוֹרָה וּמִן־הַבְּהֵמָה אֲשֶׁר אֵינֶנָּה טְהֹרָה וּמִן־הָעוֹף וְכֹל
אֲשֶׁר־רֹמֵשׂ עַל־הָאֲדָמָה׃ 9 שְׁנַיִם שְׁנַיִם בָּאוּ אֶל־נֹחַ אֶל־הַתֵּבָה זָכָר
וּנְקֵבָה כַּאֲשֶׁר צִוָּה אֱלֹהִים אֶת־נֹחַ׃ 10 וַיְהִי לְשִׁבְעַת הַיָּמִים וּמֵי
הַמַּבּוּל הָיוּ עַל־הָאָרֶץ׃

VOCABULARY

clean (f.)	טְהוֹרָה	to come, go	בֹּא (בּוֹא)
thou shalt take	תִּקַּח (לָקַח)	ark	תֵּבָה
seven	שִׁבְעָה	because, for	כִּי
his wife	אִשְׁתּוֹ	I saw	רָאִיתִי (רָאָה)
also	גַּם	righteous	צַדִּיק
fowl	עוֹף	before me	לְפָנַי
to keep alive	לְחַיּוֹת (חָיָה)	generation (m.)	דּוֹר
seed	זֶרַע	beast	בְּהֵמָה

flood	מַבּוּל	yet	עוֹד
water	מַיִם	causing to rain	מַמְטִיר (מָטַר)
the wives of	נְשֵׁי (אִשָּׁה) (נָשִׁים)	and I shall blot out, wipe out	וּמָחִיתִי (מָחָה)
with him	אִתּוֹ	living substance	יְקוּם
creeping	רֹמֵשׂ	he commanded him	צִוָּהוּ (צִוָּה)
as	כַּאֲשֶׁר		

EXPLANATORY NOTES

V. 1 בֹּא *come*, Qal imperative of בּוֹא *to come*.

בֵּיתְךָ *thy house*. Remember that בַּיִת, though it ends in ת–, is masculine (plural of בַּיִת is בָּתִּים).

תֵּבָה *ark*; תֵּבַת נֹחַ *Noah's ark*; תֵּבַת מֹשֶׁה *Moses' ark*.

אֹתְךָ *thee*. See V. 1, Lesson 7.

רָאִיתִי *I saw*, Qal perfect of רָאָה *to see*.

דּוֹר *generation* (m., pl. דּוֹרוֹת or דּוֹרִים).

V. 2 תִּקַּח *thou shalt take*, Qal imperfect of לָקַח *to take*.

שִׁבְעָה שִׁבְעָה *seven seven*, i.e., *by sevens*, *each group of seven*. Similarly, in V. 9, שְׁנַיִם שְׁנַיִם *two two*, *by twos*, i.e., *in pairs*. Similarly יוֹם יוֹם *each day*.

V. 3 לְחַיּוֹת *to keep alive*. Piel Infinitive construct of חָיָה, but לִחְיוֹת is Qal *to live*.

פְּנֵי *the face of*, *the surface of*; פָּנִים *face*.

V. 4 עוֹד *more*, *yet*.

אָנֹכִי *I*, an archaic form for אֲנִי *I*.

מַמְטִיר *causing to rain*, Hiphil participle, from מָטַר *to rain*.

אַרְבָּעִים יוֹם *forty days*. The singular יוֹם is used instead of יָמִים. See Study Hint 4, Lesson 7.

וּמָחִיתִי *and I shall wipe out*, Qal perfect of מָחָה *to blot out*. Compare רָאִיתִי *I saw*, from רָאָה *to see*. וּמָחִיתִי is an example of the Waw consecutive form with a perfect (past) verb taking on an imperfect (future) meaning. See V. 3, Lesson 1.

יְקוּם   *living substance*, a collective noun from קוּם *to rise*.

מֵעַל   *from above*, a word made up of מִן and עַל.

V. 7   נְשֵׁי   *the wives of*, construct of נָשִׁים *wives, women*, plural of אִשָּׁה.

אִתּוֹ   *with him*. אֶת is either the sign of the direct object (see V. 1, Lesson 7) or *with*, as in this word. אֶת *with* is declined as follows:

אִתִּי, אִתְּךָ, אִתָּךְ, אִתּוֹ, אִתָּהּ

אִתָּנוּ, אִתְּכֶם, אִתְּכֶן, אִתָּם, אִתָּן

מֵי   *the water of*; construct of מַיִם *water*, used in the plural form only.

V. 9   שְׁנַיִם שְׁנַיִם   *two by two*. See V. 2.

כַּאֲשֶׁר   *as*. It also means *when*.

V. 10   לְשִׁבְעַת הַיָּמִים   *after the seven days*, literally *to the seven days*.

STUDY HINTS

1. If you have mastered the Word Lists given in the previous lessons, you should find it easy to read and understand the text assigned for this lesson. You will find that at least 50 percent of the words used in the text for this lesson have been included in the previous Word Lists.

2. Read the Hebrew text with the aid of an English translation. Continually refer to the Explanatory Notes. These notes should help you to understand the text without any difficulty. If you are unable to understand a word, a phrase, or a sentence, refer to a good dictionary.

3. Note the following idiomatic expressions:

   שִׁבְעָה שִׁבְעָה   *seven by seven, in sevens* (V. 2)

   הוּא בֶּן־שֵׁשׁ מֵאוֹת שָׁנָה   *he is six hundred years old* (V. 6)

   מֵי הַמַּבּוּל   *the waters of the flood* (V. 7)

   שְׁנַיִם שְׁנַיִם   *two by two, in twos* (V. 9)

4. The words מַיִם *water* and פָּנִים *face* occur only in the plural.

5. Check your translation of Exercises D and E with the corresponding text in an English Bible.

6. Exercises F and G are based on the Explanatory Notes. You may refer to these notes when doing these exercises.
7. Do Exercises A, D, and E orally.
8. Write out the answers to Exercises B, C, F, and G.

EXERCISES

A. Rapidly read Genesis 7:1–2.

B. Give the plural:

1. בַּיִת
2. תֵּבָה
3. צַדִּיק
4. דּוֹר
5. בְּהֵמָה
6. אִשָּׁה
7. בַּת
8. עַיִן
9. עִיר
10. יוֹם

C. Give the root and exact meaning:

1. וַיַּעַשׂ
2. צִוָּהוּ
3. וַיָּבֵא
4. בָּאוּ
5. הָיוּ
6. מָחִיתִי
7. בֹּא
8. לְחַיּוֹת
9. תִּקַּח
10. צִוָּה
11. מַמְטִיר
12. לְחָיוֹת
13. בְּרָאָם
14. רָאִיתִי
15. וַיְהִי

D. Translate into English Genesis 7:1–2, 5, 7.

E. Translate into English:

1. אָמַר אֱלֹהִים לְנֹחַ, רָאִיתִי אוֹתְךָ צַדִּיק לְפָנַי בַּדּוֹר הַזֶּה.
2. מִכֹּל הַבְּהֵמָה הַטְּהוֹרָה לָקַח נֹחַ שִׁבְעָה שִׁבְעָה.
3. מֵי הַמַּבּוּל מִבָּאוּ עַל־הָאָרֶץ.
4. מָחָה אֱלֹהִים אֶת־כָּל־הַיְקוּם מֵעַל פְּנֵי הָאֲדָמָה.
5. וַיַּעַשׂ נֹחַ כְּכֹל אֲשֶׁר־צִוָּהוּ אֱלֹהִים.

F. Translate into Hebrew:

1. These are the generations of Adam.
2. This is the ark which Noah made.
3. He saw me.[1]

---

[1]See V. 1, Lesson 7.

4. I saw him.[1]
5. He saw us.[1]
6. He created them[1] (m.).
7. And he came with him.[2]
8. Come with us.[2]
9. They came with him.[2]
10. He went with her.[2]
11. He commanded him [translate as one word].
12. He saw the wives of the sons.

G. Translate into Hebrew:

1. face, faces
2. the face of the earth
3. water
4. the water of the flood
5. ark, the ark of Noah
6. day, days, the day
7. the days of the year
8. life, the life of the man
9. beast, clean beast
10. the clean beast; the beast is clean

WORD LIST 7

Words occurring in the Bible from 200 to 5000 times

voice	קוֹל (קוֹלוֹת)	to remember	זָכַר
holiness	קֹדֶשׁ	to be strong	חָזַק
head	רֹאשׁ (רָאשִׁים)	to sin	חָטָא
seven	שִׁבְעָה	to live	חָיָה
name	שֵׁם (שֵׁמוֹת)	to be able	יָכֹל
two	שְׁנַיִם	year	שָׁנָה

SELF-CORRECTING EXERCISES

Example: בָּא נֹחַ אֶל־הַתֵּבָה (שָׂרָה)

בָּאָה שָׂרָה אֶל־הַתֵּבָה

---

[1]See V. 1, Lesson 7.

[2]See V. 7.

1. בָּא נֹחַ אֶל־הַתֵּבָה (שָׂרָה)

2. אָכַל הָאִישׁ אֶת־הַפְּרִי (הָאִשָּׁה)

3. זָכְרָה הָאֵם אֶת־הַחֲלוֹם (הָאָב)

4. הָיָה הָאִישׁ בַּשָּׂדֶה (הָאִשָּׁה)

5. קָרָא הַבֵּן מִן־הַסֵּפֶר (הַבַּת)

6. זָכַר יוֹסֵף אֶת־הַחֲלוֹם (שָׂרָה)

7. יָדְעָה הָאִשָּׁה כִּי הַפְּרִי טוֹב לְמַאֲכָל (הָאִישׁ)

8. הָלַךְ הַבֵּן אֶל־הַשָּׂדֶה (הַבַּת)

9. יָשְׁבָה הָאֵם תַּחַת הָעֵץ בַּגָּן (הָאָב)

10. הָיָה הָאִישׁ בֶּן־עֶשְׂרִים שָׁנָה (הָאִשָּׁה)

Ivory carving of Egyptian boy.

Lesson Nine
Genesis 8:1–9

8 1 וַיִּזְכֹּר אֱלֹהִים אֶת־נֹחַ וְאֵת כָּל־הַחַיָּה וְאֶת־כָּל־הַבְּהֵמָה אֲשֶׁר
אִתּוֹ בַּתֵּבָה וַיַּעֲבֵר אֱלֹהִים רוּחַ עַל־הָאָרֶץ וַיָּשֹׁכּוּ הַמָּיִם׃ 2 וַיִּסָּכְרוּ
מַעְיְנֹת תְּהוֹם וַאֲרֻבֹּת הַשָּׁמָיִם וַיִּכָּלֵא[a] הַגֶּשֶׁם מִן־הַשָּׁמָיִם׃ 3 וַיָּשֻׁבוּ
הַמַּיִם מֵעַל הָאָרֶץ הָלוֹךְ וָשׁוֹב וַיַּחְסְרוּ הַמַּיִם [a]מִקְצֵה חֲמִשִּׁים[a] וּמְאַת
יוֹם׃ 4 וַתָּנַח הַתֵּבָה בַּחֹדֶשׁ הַשְּׁבִיעִי בְּשִׁבְעָה־עָשָׂר יוֹם לַחֹדֶשׁ עַל
הָרֵי אֲרָרָט׃ 5 וְהַמַּיִם הָיוּ הָלוֹךְ וְחָסוֹר עַד הַחֹדֶשׁ הָעֲשִׂירִי בָּעֲשִׂירִי
בְּאֶחָד לַחֹדֶשׁ נִרְאוּ רָאשֵׁי הֶהָרִים׃ 6 וַיְהִי מִקֵּץ אַרְבָּעִים יוֹם וַיִּפְתַּח
נֹחַ אֶת־חַלּוֹן הַתֵּבָה אֲשֶׁר עָשָׂה׃ 7 וַיְשַׁלַּח אֶת־הָעֹרֵב[a] וַיֵּצֵא יָצוֹא
וָשׁוֹב עַד־יְבֹשֶׁת הַמַּיִם מֵעַל הָאָרֶץ׃ 8 וַיְשַׁלַּח[a] אֶת־הַיּוֹנָה מֵאִתּוֹ
לִרְאוֹת הֲקַלּוּ הַמַּיִם מֵעַל פְּנֵי הָאֲדָמָה׃ 9 וְלֹא־מָצְאָה הַיּוֹנָה מָנוֹחַ
לְכַף־רַגְלָהּ וַתָּשָׁב אֵלָיו אֶל־הַתֵּבָה כִּי־מַיִם עַל־פְּנֵי כָל־הָאָרֶץ
וַיִּשְׁלַח יָדוֹ וַיִּקָּחֶהָ וַיָּבֵא אֹתָהּ אֵלָיו אֶל־הַתֵּבָה׃

VOCABULARY

and he remembered	וַיִּזְכֹּר (זָכַר)
and he caused to pass over	וַיַּעֲבֵר (עָבַר)
spirit, wind (f.)	רוּחַ (רוּחוֹת)
and they subsided	וַיָּשֹׁכּוּ (שָׁכַךְ)
and they were closed up	וַיִּסָּכְרוּ (סָכַר)
fountain, well	מַעְיָן (מַעְיָנִים, מַעְיָנוֹת)
chimney, latticed opening	אֲרֻבָּה
and it was restrained	וַיִּכָּלֵא (כָּלָא)
rain	גֶּשֶׁם (גְּשָׁמִים)
and they became less, receded	וַיַּחְסְרוּ (חָסֵר)
at the end of	מִקְצֵה (קָצֶה)
day	יוֹם (יָמִים)
and it came to rest	וַתָּנַח (נוּחַ)
month	חֹדֶשׁ (חֳדָשִׁים)

the drying of	יְבֹשֶׁת (יָבֵשׁ)	the mountains of	הָרֵי (הַר)
dove (f.)	יוֹנָה (יוֹנִים)	after, at the end of	מִקֵּץ (קֵץ)
whether they were lightened	הֲקַלּוּ (קָלַל)	and he opened	וַיִּפְתַּח (פָּתַח)
		window (m.)	חַלּוֹן (חַלּוֹנִים, חַלּוֹנוֹת)
from on top of	מֵעַל	and he sent	וַיְשַׁלַּח (שָׁלַח)
resting place	מָנוֹחַ (נוּחַ)	raven	עוֹרֵב (עֹרֵב)

EXPLANATORY NOTES

V. 1 אִתּוֹ *with him*. Do not confuse with אֹתוֹ, the direct object *him* (see V. 7, Lesson 8).

וַיַּעֲבֵר *and he caused to pass over*, Hiphil imperfect of עָבַר *to pass, pass over*.

וַיָּשֹׁכּוּ *and they receded*, Qal imperfect of שָׁכַךְ *to subside. They* refers to מַיִם, used in the plural only.

V. 2 וַיִּסָּכְרוּ *and they were closed up*, Niphal imperfect with Waw consecutive, from סָכַר. Compare this word with סָגַר *to close* in Genesis 2:21.

וַיִּכָּלֵא *and it was restrained*, Niphal imperfect of כָּלָא *to restrain, close* (see Appendix 1 on verb patterns for significance of the Niphal).

V. 3 וַיָּשֻׁבוּ . . . הָלוֹךְ וָשׁוֹב This is a difficult phrase to translate. וַיָּשֻׁבוּ *and they returned* is Qal imperfect of שׁוּב *to turn* or *return*. הָלוֹךְ וָשׁוֹב *going and returning*, two Infinitive absolutes used as an adverbial phrase. The whole phrase means *they receded continually*.

יוֹם is singular following tens and hundreds, a peculiarity of the Hebrew numerals (see Study Hint 4, Lesson 7).

V. 4 וַתָּנַח *and she* [*the ark*] *came to rest*, Qal imperfect of נוּחַ *to rest*.

בַּחֹדֶשׁ הַשְּׁבִיעִי *in the seventh month.*

לַחֹדֶשׁ *to the month*, i.e., *of the month.*

V. 5 הָלוֹךְ וְחָסוֹר [*and the waters*] *continued to abate* or *decreased continually*. חָסֵר *to be less* (see V. 3).

	בְּאֶחָד לַחֹדֶשׁ	*on the first day of the month* (see V. 4).
	נִרְאוּ	*they were seen*, i.e., *they appeared*, Niphal perfect of רָאָה *to see*.
V. 7	וַיְשַׁלַּח	*and he sent forth*, Piel imperfect of שָׁלַח *to send forth* (see Appendix 1 on verb patterns for significance of the Piel).
	וַיֵּצֵא יָצוֹא וָשׁוֹב	*and he went out to and fro*. וַיֵּצֵא is Qal imperfect of יָצָא *to go out*. This is a special construction used to express duration (see Vv. 3, 5).
V. 8	יוֹנָה	*dove*; its plural is irregular: יוֹנִים *doves*. Cf. תְּאֵנָה (pl. תְּאֵנִים) *fig*.
	מֵאִתּוֹ	*from him*, from מִן and אֵת.
	לִרְאוֹת	*to see*, Qal Infinitive construct (with prefix לְ) of רָאָה *to see*.
	הֲקַלּוּ	*whether they had lightened* or *subsided*. קַלּוּ Qal perfect of קָלַל *to be light* or *less*. –הֲ is the interrogative mark, i.e., it introduces a direct or indirect question.
V. 9	יָדוֹ	*his hand*, from יָד (f., pl. יָדַיִם).
	וַיִּקָּחֶהָ	*and he took her* (i.e., the dove), Qal imperfect of לָקַח *to take*, with third-person feminine suffix.
	וַיָּבֵא אֹתָהּ	*and he brought her*. וַיָּבֵא is the Hiphil imperfect of בּוֹא *to come, go*. Note that אֹתָהּ here takes the place of the suffix –הָ, which is used above. וַיִּקָּחֶהָ is the same as וַיִּקַּח אֹתָהּ. וַיְבִאֶהָ is the same as וַיָּבֵא אֹתָהּ.

STUDY HINTS

1. Read the text assigned for this lesson through once or twice before you look at the Vocabulary and Explanatory Notes. You will be surprised at how many of the words are familiar to you from previous lessons. Then go through the text again carefully, referring constantly to the Vocabulary and Notes.
2. Review the Vocabulary a number of times. The more of these words you

learn, the easier it will be to memorize the Word Lists at the end of each chapter, for the larger one's vocabulary, the easier to increase it.

3. You will notice that we have referred to Appendix 1 (verb patterns) a number of times. Verb patterns are important because they determine the meaning of the Hebrew verb. Remember to associate a verb in any form with its root.
4. Study carefully Verses 3, 7, and 9 in the Explanatory Notes.
5. Do Exercise A several times; commit these verses to memory if possible. If you have no one to check on your reading, obtain the cassette for this course, for this will allow you to hear a text read several times at your leisure.
6. Write out a translation of the text; then see how your work compares with an English translation.
7. Review Word Lists 1–8. Do not pass too speedily over the earlier lists.
8. Do Exercises A, E, and F orally for your own practice.
9. Write out the answers to Exercises B, C, D, and F.

EXERCISES

A. Rapidly read Genesis 8:7–9.

B. Give the plural:

1. מַעְיָן
2. אֲרֻבָּה
3. גֶּשֶׁם
4. יוֹנָה
5. יָד
6. חֹדֶשׁ
7. רֶגֶל
8. הַר
9. בְּהֵמָה
10. אֶרֶץ
11. רוּחַ
12. חַלּוֹן
13. אִישׁ
14. אִשָּׁה
15. אוֹר

C. Give the root and meaning:

1. וַיִּזְכֹּר
2. וַיִּקָּחֶהָ
3. וַיַּעֲבֵר
4. וַיָּשֹׁכּוּ
5. וַיִּסָּכְרוּ
6. וַיָּשֻׁבוּ
7. וַיַּחְסְרוּ
8. וַתָּנַח
9. נִרְאוּ
10. וַיְבִיאֶהָ
11. וַיִּפְתַּח
12. וַיֵּצֵא
13. וַיָּבֵא
14. הֵקַלּוּ

D. Translate into Hebrew:

1. and he sent forth
2. from the face of the ground
3. and he opened the window
4. in the seventh month
5. on the first day of the month
6. and God remembered Noah
7. the fountains of the deep
8. he put forth his hand
9. at the end of a hundred days
10. the ark came to rest

E. Translate carefully all the verbs found in Vv. 1–7 of the Explanatory Notes. Check your translation with an English Bible.

F. Translate into Hebrew:

1. And God remembered Noah and his wife and all the animals.[1]
2. And Noah sent forth the raven and the dove.[1]
3. The dove did not find a resting place[2] and she returned to Noah.
4. And it came to pass after forty days,[3] Noah came forth[4] from the ark.
5. The dove came to the window of the ark.

WORD LIST 8

Words occurring in the Bible from 200 to 500 times

master	אָדוֹן	to add	יָסַף (הוֹסִיף)
tent	אֹהֶל (אֹהָלִים)	to fear	יָרֵא
ox, thousand	אֶלֶף (אֲלָפִים)	to go down	יָרַד
two (m.)	שְׁנַיִם	to possess, inherit	יָרַשׁ
year	שָׁנָה (שָׁנִים)	to deliver	יָשַׁע (הוֹשִׁיעַ)

SELF-CORRECTING EXERCISES

You may refer to Appendix 3.

Example: and he sent him — וַיְשַׁלְּחֵהוּ
וַיְשַׁלַּח אוֹתוֹ

---

[1]Repeat אֶת for each direct object.
[2]One word (see Gen. 8:9).
[3]See V. 3.
[4]Use the verb first.

וַיְבִיאֶהָ	and he brought her
וַיָּבֵא אוֹתָהּ	

1. וַיִּשְׁלָחֵהוּ
2. וַיְבִיאֶהָ
3. וַיִּקָּחֵהוּ
4. וַיִּקָּחֵנִי
5. וַיְבִיאֵנִי
6. וַיִּקָּחֵם
7. וַיִּזְכְּרֵהוּ
8. וַיְבִיאֵן
9. וַיִּזְכְּרֶהָ
10. וַיִּקָּחֶהָ

Lesson Ten
Genesis 22:1–9

22 1 וַיְהִי אַחַר הַדְּבָרִים הָאֵלֶּה וְהָאֱלֹהִים נִסָּה אֶת־אַבְרָהָם
וַיֹּאמֶר אֵלָיו אַבְרָהָם[a] וַיֹּאמֶר הִנֵּנִי׃ 2 וַיֹּאמֶר קַח־נָא אֶת־בִּנְךָ אֶת־
יְחִידְךָ אֲשֶׁר־אָהַבְתָּ אֶת־יִצְחָק וְלֶךְ־לְךָ אֶל־אֶרֶץ הַמֹּרִיָּה[a] וְהַעֲלֵהוּ
שָׁם לְעֹלָה עַל אַחַד הֶהָרִים אֲשֶׁר אֹמַר אֵלֶיךָ׃ 3 וַיַּשְׁכֵּם אַבְרָהָם
בַּבֹּקֶר וַיַּחֲבֹשׁ אֶת־חֲמֹרוֹ וַיִּקַּח אֶת־שְׁנֵי נְעָרָיו אִתּוֹ וְאֵת יִצְחָק בְּנוֹ
וַיְבַקַּע עֲצֵי עֹלָה וַיָּקָם וַיֵּלֶךְ אֶל־הַמָּקוֹם אֲשֶׁר־אָמַר־לוֹ הָאֱלֹהִים׃
4 בַּיּוֹם הַשְּׁלִישִׁי וַיִּשָּׂא אַבְרָהָם אֶת־עֵינָיו וַיַּרְא אֶת־הַמָּקוֹם מֵרָחֹק׃
5 וַיֹּאמֶר אַבְרָהָם אֶל־נְעָרָיו שְׁבוּ־לָכֶם פֹּה עִם־הַחֲמוֹר וַאֲנִי וְהַנַּעַר
נֵלְכָה עַד־כֹּה וְנִשְׁתַּחֲוֶה וְנָשׁוּבָה אֲלֵיכֶם׃ 6 וַיִּקַּח אַבְרָהָם אֶת־עֲצֵי
הָעֹלָה וַיָּשֶׂם עַל־יִצְחָק בְּנוֹ וַיִּקַּח בְּיָדוֹ אֶת־הָאֵשׁ וְאֶת־הַמַּאֲכֶלֶת
וַיֵּלְכוּ שְׁנֵיהֶם יַחְדָּו׃ 7 וַיֹּאמֶר יִצְחָק אֶל־אַבְרָהָם אָבִיו וַיֹּאמֶר אָבִי
וַיֹּאמֶר הִנֶּנִּי בְנִי וַיֹּאמֶר הִנֵּה הָאֵשׁ וְהָעֵצִים וְאַיֵּה הַשֶּׂה לְעֹלָה׃ 8 וַיֹּאמֶר
אַבְרָהָם אֱלֹהִים יִרְאֶה־לּוֹ הַשֶּׂה לְעֹלָה בְּנִי וַיֵּלְכוּ שְׁנֵיהֶם יַחְדָּו׃
9 וַיָּבֹאוּ אֶל־הַמָּקוֹם אֲשֶׁר אָמַר־לוֹ הָאֱלֹהִים וַיִּבֶן שָׁם אַבְרָהָם אֶת־
הַמִּזְבֵּחַ וַיַּעֲרֹךְ אֶת־הָעֵצִים וַיַּעֲקֹד אֶת־יִצְחָק בְּנוֹ וַיָּשֶׂם אֹתוֹ עַל־
הַמִּזְבֵּחַ מִמַּעַל לָעֵצִים׃

VOCABULARY

he saddled	וַיַּחֲבֹשׁ (חָבַשׁ)	proved, tried	נִסָּה
his young men	נְעָרָיו (נַעַר, נְעָרִים)	only one	יָחִיד
he cut, cleaved	וַיְבַקַּע (בָּקַע)	offer him up (imper.)	הַעֲלֵהוּ (עָלָה)
from afar	מֵרָחוֹק (מֵרָחֹק)	burnt offering	עוֹלָה (עָלָה)
here	פֹּה	he rose early	וַיַּשְׁכֵּם (שָׁכַם)

together	יַחְדָּו	ass	חֲמוֹר
lamb	שֶׂה	yonder, until these	עַד־כֹּה
altar	מִזְבֵּחַ (זָבַח)	we shall worship	וְנִשְׁתַּחֲוֶה (שָׁחָה)
he arranged	וַיַּעֲרֹךְ (עָרַךְ)	fire	אֵשׁ
he bound	וַיַּעֲקֹד (עָקַד)	knife	מַאֲכֶלֶת (אָכַל)

EXPLANATORY NOTES

V. 1 וַיְהִי אַחַר הַדְּבָרִים הָאֵלֶּה *and it came to pass after these things*, a very common biblical phrase. The Revised Standard Version condenses the phrase to *after these things*.

הִנֵּנִי *here am I* (הִנֵּה + אֲנִי).

V. 2 קַח־נָא *take!* Qal imperative of לָקַח *to take*. The particle נָא strengthens the imperative idea. נָא is often translated as *I pray thee* or *now*.

לֶךְ־לְךָ *go*, Qal imperative of הָלַךְ *to go, walk*. לְךָ *for thee* is one of the prepositions (e.g., –כּ, –ל, –ב) with a suffix, and is declined as follows:

לִי, לְךָ, לָךְ, לוֹ, לָהּ

לָנוּ, לָכֶם, לָכֶן, לָהֶם, לָהֶן

וְהַעֲלֵהוּ *and offer him up*, Hiphil imperative of עָלָה *to go up*, with direct-object suffix –הוּ *him*.

V. 3 וַיַּשְׁכֵּם *and he rose early*, Hiphil imperfect of שָׁכַם *to rise early*.

וַיְבַקַּע *and he cut*, Piel imperfect of בָּקַע *to split, cut*.

עֲצֵי *wood of*, plural construct of עֵצִים *wood*, from עֵץ *tree, wood*.

וַיָּקָם *and he rose*, Qal imperfect of קוּם *to rise*.

V. 4 בַּיּוֹם הַשְּׁלִישִׁי *on the third day*. שְׁלִישִׁי *third* is the ordinal number of שְׁלֹשָׁה *three*. All masculine ordinals from two to ten end in ִי–; all feminine in ִית–:

four, fourth אַרְבָּעָה, רְבִיעִי, רְבִיעִית

seven, seventh שִׁבְעָה, שְׁבִיעִי, שְׁבִיעִית

וַיִּשָּׂא *and he lifted up*, Qal imperfect of נָשָׂא *to lift up*.

V. 5 שְׁבוּ *sit! remain*, Qal imperative (m. plural) of יָשַׁב *to sit*. See V. 2 for the meaning of לָכֶם.

וְנִשְׁתַּחֲוֶה *and we shall worship*, Hithpalel imperfect of שָׁחָה *to bend* or *bow down*. This is an irregular form; do not attempt to analyze it at this stage of your studies.

וְנָשׁוּבָה *and we shall return*, Qal imperfect of שׁוּב *to return*. נָשׁוּבָה is cohortative form for נָשׁוּב, expressing wish or desire: *let us return* (see Weingreen, *Practical Grammar*, p. 88).

V. 8 יִרְאֶה־לּוֹ *he will provide himself*, literally *he shall see for himself*, i.e., God will provide the lamb.

V. 9 וַיִּבֶן *and he built*, Qal imperfect with Waw consecutive of בָּנָה *to build.*

וַיַּעֲרֹךְ, וַיַּעֲקֹד both Qal imperfect with Waw consecutive.

STUDY HINTS

1. Read the text assigned for this lesson without any helps. Continue to read whether you understand it all or not. Then read it again, referring constantly to the Vocabulary and the Explanatory Notes.
2. Write out your own translation of the text and check it with the corresponding verses of an English Bible.
3. Read the Vocabulary several times. Try to memorize all of the words. Pay special attention to the verb roots.
4. Verses 2, 3, and 4 of the Explanatory Notes should be studied carefully.
5. Read Exercise A until you are able to read in normal speed or at the same speed of the cassette.
6. Review all Vocabularies and Word Lists.
7. Do Exercises A, B, and G orally.
8. Write out the answers to Exercises B, C, D, E, and F.

EXERCISES

A. Rapidly read Genesis 22:6–7, 9.

B. Give the root and meaning:

1. קַח
2. לֵךְ
3. שְׁבוּ
4. הַעֲלֵהוּ
5. וַיִּשָּׂא
6. וַיֵּלֶךְ
7. וַיַּרְא
8. נָשׁוּב
9. וַיֹּאמֶר
10. וַיִּבֶן
11. יִרְאֶה
12. וַיַּעֲקֹד

C. Give the plural:

1. דָּבָר
2. בֵּן
3. אֶרֶץ
4. עוֹלָה
5. הַר
6. עֵץ
7. יוֹם
8. נַעַר
9. עַיִן
10. אָב
11. בַּת
12. יָד

D. Give the Hebrew:

1. and he rose up
2. and he said
3. and he came
4. and he brought
5. and he went
6. and he lifted up
7. and he rose up early
8. and he took
9. and he built
10. and he called

E. Translate into Hebrew:

And it came to pass[1] after these things, God did prove[2] Abraham. And he told him, take thine-only-one,[3] thy son Isaac whom thou lovest, unto the land of Moriah upon one of the mountains. And Abraham rose up early in the morning and went unto the place [of] which God had told him. On the third day, Abraham lifted up[2,4] his eyes and saw[5] the place from afar.

F. Give the Hebrew:

1. here am I
2. your son
3. his ass
4. our son
5. his young men
6. my ass
7. their place
8. your wood
9. his day
10. his hand
11. on the third day
12. he lifted his eyes
13. and we will worship
14. where is the lamb?
15. both of them together

---

[1]See V. 1.
[2]Write the verb first.
[3]Use one word.
[4]Use the simple perfect.
[5]Use the Waw consecutive.

G. Translate into English Genesis 22:6, 7, 9.

WORD LIST 9

Words occurring in the Bible from 200 to 500 times

cattle	בְּהֵמָה	to prepare	כּוּן
daughter	בַּת (בָּנוֹת)	to complete	כָּלָה
great	גָּדוֹל	to cut	כָּרַת
nation	גּוֹי (גּוֹיִם)	to write	כָּתַב
blood	דָּם	to be full	מָלֵא

SELF-CORRECTING EXERCISES

Example: הַיֶּלֶד הַזֶּה רַע

הַיְלָדִים הָאֵלֶּה רָעִים

1. הַיֶּלֶד הַזֶּה רַע
2. הָאָרֶץ הַזֹּאת יָפָה
3. הָאִישׁ הַזֶּה טוֹב
4. הָאוֹר הַזֶּה גָּדוֹל
5. הָרוּחַ הַזֹּאת חֲזָקָה
6. הַיּוֹם הַזֶּה יָפֶה
7. הַלַּיְלָה הַזֶּה טוֹב
8. הַסֵּפֶר הַזֶּה קָדוֹשׁ
9. הָאִשָּׁה הַזֹּאת טוֹבָה
10. הָאִישׁ הַזֶּה רַע

Lesson Eleven
Genesis 22:10–19

10 וַיִּשְׁלַח אַבְרָהָם אֶת־יָדוֹ וַיִּקַּח אֶת־
הַמַּאֲכֶלֶת לִשְׁחֹט אֶת־בְּנוֹ׃ 11 וַיִּקְרָא אֵלָיו מַלְאַךְ יְהוָה מִן־הַשָּׁמַיִם
וַיֹּאמֶר אַבְרָהָם ׀ אַבְרָהָם וַיֹּאמֶר הִנֵּנִי׃ 12 וַיֹּאמֶר אַל־תִּשְׁלַח יָדְךָ
אֶל־[a]הַנַּעַר וְאַל־תַּעַשׂ לוֹ מְאוּמָה[b] כִּי ׀ עַתָּה יָדַעְתִּי כִּי־יְרֵא אֱלֹהִים
אַתָּה וְלֹא חָשַׂכְתָּ אֶת־בִּנְךָ אֶת־יְחִידְךָ מִמֶּנִּי׃ 13 וַיִּשָּׂא אַבְרָהָם אֶת־
עֵינָיו וַיַּרְא וְהִנֵּה־אַיִל אַחַר[a] נֶאֱחַז[b] בַּסְּבַךְ בְּקַרְנָיו וַיֵּלֶךְ אַבְרָהָם וַיִּקַּח
אֶת־הָאַיִל וַיַּעֲלֵהוּ לְעֹלָה תַּחַת בְּנוֹ׃ 14 וַיִּקְרָא אַבְרָהָם שֵׁם־הַמָּקוֹם
הַהוּא יְהוָה ׀ יִרְאֶה[a] אֲשֶׁר יֵאָמֵר הַיּוֹם בְּהַר[b] יְהוָה יֵרָאֶה[c]׃
15 וַיִּקְרָא מַלְאַךְ יְהוָה אֶל־אַבְרָהָם שֵׁנִית מִן־הַשָּׁמָיִם׃ 16 וַיֹּאמֶר בִּי
נִשְׁבַּעְתִּי נְאֻם־יְהוָה כִּי יַעַן אֲשֶׁר עָשִׂיתָ אֶת־הַדָּבָר הַזֶּה וְלֹא חָשַׂכְתָּ
אֶת־בִּנְךָ אֶת־יְחִידֶךָ[a]׃ 17 כִּי־בָרֵךְ אֲבָרֶכְךָ וְהַרְבָּה אַרְבֶּה אֶת־זַרְעֲךָ
כְּכוֹכְבֵי הַשָּׁמַיִם וְכַחוֹל אֲשֶׁר עַל־שְׂפַת הַיָּם וְיִרַשׁ זַרְעֲךָ אֵת שַׁעַר
אֹיְבָיו׃ 18 וְהִתְבָּרְכוּ בְזַרְעֲךָ כֹּל גּוֹיֵי הָאָרֶץ עֵקֶב אֲשֶׁר שָׁמַעְתָּ בְּקֹלִי׃
19 וַיָּשָׁב אַבְרָהָם אֶל־נְעָרָיו וַיָּקֻמוּ וַיֵּלְכוּ יַחְדָּו אֶל־בְּאֵר שָׁבַע וַיֵּשֶׁב
אַבְרָהָם בִּבְאֵר שָׁבַע׃

VOCABULARY

to spare, withhold	חָשַׂךְ	to put forth	שָׁלַח
ram	אַיִל (אֵילִים)	to slay	לִשְׁחוֹט (שָׁחַט)
caught	נֶאֱחַז (אָחַז)	angel	מַלְאָךְ (מַלְאָכִים)
thicket	סְבַךְ	do not!	אַל
horn	קֶרֶן (קַרְנַיִם)	anything	מְאוּמָה
in place of, under	תַּחַת	now	עַתָּה

seashore	שְׂפַת הַיָּם	a second time, again	שֵׁנִית
possess	וְיִרַשׁ (יָרַשׁ)	oracle, saying	נְאוּם (נְאֻם)
seed, offspring	זֶרַע (זְרָעִים)	because (conj.)	יַעַן אֲשֶׁר
enemy	אוֹיֵב (אוֹיְבִים)	make numerous	אַרְבֶּה (רָבָה)
because (conj.)	עֵקֶב אֲשֶׁר	star	כּוֹכָב (כּוֹכָבִים)
		sand	חוֹל

EXPLANATORY NOTES

V. 11 וַיֹּאמֶר *and he said.* Note the rapid change in the subjects. The angel is the subject of the first וַיֹּאמֶר; Abraham of the second; the angel again of the first word in Genesis 22:12. As this is characteristic of Hebrew style, it is necessary to watch for these shifts.

V. 12 אַל־תַּעַשׂ *do not do!* The negative אַל with the imperfect yields the negative imperative. Compare also:

- תִּשְׁלַח you will send
- שְׁלַח send! (imp.)
- אַל־תִּשְׁלַח do not send! (neg. imp.)

עַתָּה *now*, but אַתָּה *you* (m. s.).

יְרֵא *one who fears*, Qal participle (m.) in construct state from יָרֵא *to fear.*

V. 13 אַחַר *behind him*, also translated *afterwards*. Some ancient versions read the word as אֶחָד *one.*

נֶאֱחַז *he was caught*, Niphal perfect of אָחַז *to catch.*

בַּסְּבַךְ בְּקַרְנָיו *in the thicket by his horns*. This phrase demonstrates two of the meanings the preposition ־בּ may have.

וַיַּעֲלֵהוּ *and he offered it*, Hiphil imperfect of עָלָה *to go up* with a third-person masculine suffix הוּ–.

V. 14 יְהוָה יִרְאֶה *the Lord will see*. Some translate this *the Lord will provide* (see V. 8, Lesson 10).

יֵאָמֵר הַיּוֹם *it is said today*. יֵאָמֵר is a Niphal imperfect of אָמַר *to say.*

יֵרָאֶה *is seen* or *appears*, Niphal imperfect of רָאָה *to see.*

V. 16 בִּי *by myself*. Declined as בִּי, בְּךָ, etc. (see V. 2, Lesson 10, לִי).

יַעַן אֲשֶׁר *because*. Cf. עֵקֶב אֲשֶׁר *because* in V. 18.

V. 17 בָּרֵךְ אֲבָרֶכְךָ *I will greatly bless you*. Here בָּרֵךְ, the Piel Infinitive absolute of the root ברך, is joined with אֲבָרֶכְךָ, the Piel imperfect (1st s. with pronominal suffix) of the same root. בָּרֵךְ is used to give added emphasis to the verbal action of אֲבָרֶכְךָ, i.e., *indeed* or *surely I will bless you*. The same is true of the phrase which follows in the biblical text, הַרְבָּה אַרְבֶּה. הַרְבָּה, the Hiphil Infinitive absolute of the root רבה, places emphasis upon the action of אַרְבֶּה, the Hiphil imperfect (1st s.) of the same root. Here the object of that action is אֶת־זַרְעֲךָ *your seed*. Cf. Weingreen, *Practical Grammar*, p. 79.

שְׂפַת הַיָּם *seashore*, literally *lip* or *edge of the sea*, with שְׂפַת being the construct form of שָׂפָה (f.) *lip*, *edge*.

וְיִרַשׁ *and he will possess*, for וְיִירַשׁ, Qal imperfect of יָרַשׁ *to possess*.

אֹיְבָיו *their enemies*, a noun from the root אָיַב *to be hostile toward*.

V. 18 וְהִתְבָּרְכוּ *and they shall be blessed*, Hithpael perfect of בֵּרֵךְ *to bless* (see Appendix 1 on verb patterns). The Hithpael is usually reflexive: *and they shall bless themselves* (–בְּ *through*).

עֵקֶב אֲשֶׁר *because*. See also V. 16.

שָׁמַעְתָּ בְּקֹלִי *thou hast obeyed me*, literally *thou hast heard my voice*. The phrases שָׁמַע בְּקוֹל and שָׁמַע לְקוֹל mean *to obey*.

STUDY HINTS

1. There are many familiar words in this lesson. This will give you a chance to review what you have learned. But with the new words, you will have also the opportunity to broaden your Vocabulary. The words which occur in this text are by and large common words in the Bible.
2. Go over the Vocabulary carefully several times.
3. Read the text with the aid of the Vocabulary and Explanatory Notes.
4. Translate the text orally; compare your translation with an English Bible.

5. Carefully study the Explanatory Notes on Verses 11, 12, 16, 17, and 18.
6. Learn the Word List well, for your next lesson will be a test. Vocabulary memorization is of the utmost importance.
7. Do not neglect Exercise A, rapid reading.
8. Do Exercises A, D, and E orally.
9. Write out the answers to Exercises B, C, F, and G.

EXERCISES

A. Rapidly read Genesis 22:17–18.

B. Give the root:

1. יֵרָאֶה	6. תַּעַשׂ
2. אֲבָרֶכְךָ	7. וַיִּשָּׂא
3. אַרְבֶּה	8. נֶאֱחָז
4. נִשְׁבַּעְתִּי	9. וַיִּירַשׁ
5. עָשִׂיתָ	10. וְהִתְבָּרֲכוּ

C. Give the plural:

1. יָד	6. קֶרֶן
2. מַלְאָךְ	7. הָר
3. בֵּן	8. כּוֹכָב
4. דָּבָר	9. אוֹיֵב
5. זֶרַע	10. שָׂפָה

D. Translate into idiomatic English Genesis 22:10–13, 19.

E. Translate into English:

1. וַיִּקַּח אַבְרָהָם אֶת־הַמַּאֲכֶלֶת בְּיָדוֹ לִשְׁחֹט אַיִל.
2. וַיַּרְא אַבְרָהָם אֶת־הַכּוֹכָבִים בַּשָּׁמַיִם וְאֶת־הַחוֹל אֲשֶׁר עַל־שְׂפַת הַיָּם.
3. וְהָיָה זַרְעֲךָ עַם גָּדוֹל וְיִרַשׁ אֵת שַׁעַר אוֹיְבָיו.
4. וַיָּקָם אַבְרָהָם וַיִּרְכַּב עַל־חֲמוֹרוֹ וַיֵּלֶךְ אֶל־בְּאֵר שָׁבַע.
5. וַיַּשְׁכֵּם אַבְרָהָם בַּבֹּקֶר וַיַּעַל אֶל־הֶהָרִים.

F. Translate into Hebrew:

And Abraham lifted up[1] his eyes, and behold, a ram was caught in a thicket. And he took the ram to slaughter it in place of[2] his son. And God said, I

[1]Begin with the verb, using the Waw consecutive.
[2]תַּחַת.

know that you are one who fears God.[3] And God blessed Abraham and his seed. Then Abraham and his young men went[4] to Beer-sheba.

G. Translate into Hebrew the following phrases (all are found in Gen. 22):

1. on the third day
2. from afar
3. and both went together
4. do not[5] do anything to him
5. as the stars of heaven
6. take thy son, I pray thee
7. get thee to the land
8. and he rose up early in the morning
9. thou art a God-fearing man
10. by myself have I sworn

WORD LIST 10

Words occurring in the Bible from 200 to 500 times

gold	זָהָב	to be king	מָלַךְ
month	חֹדֶשׁ (חֳדָשִׁים)	to find	מָצָא
five	חָמֵשׁ	to make known	הִגִּיד (נָגַד)
sword (f.)	חֶרֶב (חֲרָבוֹת)	to stretch out	נָטָה
sea	יָם (יַמִּים)	to smite	נָכָה

---

[3]See V. 12.
[4]Do not translate *then*, but use the Waw consecutive, beginning the sentence with the verb.
[5]See V. 12.

Lesson Twelve
Review and Test

STUDY HINTS

1. This lesson is devoted to general review. You are strongly advised to review all the Vocabularies and the Explanatory Notes of the previous lessons.
2. Go over past assignments and study the corrections made in your written work.
3. The following test is similar to the one-hour "Twelve-Weeks Examination" for this course given at the University of Wisconsin-Madison. Do not spend more than sixty minutes for this test. Do not consult your notes. After completion of the test, check it with the Explanatory Notes, translations, and Vocabularies.

TEST 2

A. Translate into English:

1. וַיִּבְרָא אֱלֹהִים אֶת־הָאָדָם בְּצַלְמוֹ.
2. וְהָאָרֶץ הָיְתָה תֹהוּ וָבֹהוּ וְחֹשֶׁךְ עַל־פְּנֵי תְהוֹם.
3. וְכָל־עֵשֶׂב הַשָּׂדֶה טֶרֶם יִצְמָח.
4. וַיִּפַּח בְּאַפָּיו נִשְׁמַת חַיִּים.
5. לֹא תֹאכְלוּ מִמֶּנּוּ וְלֹא תִגְּעוּ בּוֹ פֶּן־תְּמֻתוּן.
6. וַיִּתְפְּרוּ עֲלֵה תְאֵנָה וַיַּעֲשׂוּ לָהֶם חֲגוֹרֹת.
7. וָאִירָא כִּי עֵרוֹם אָנֹכִי וָאֵחָבֵא.
8. וַיִּהְיוּ כָּל־יְמֵי־שֵׁת שְׁתֵּים עֶשְׂרֵה שָׁנָה וּתְשַׁע מֵאוֹת שָׁנָה.
9. שְׁנַיִם שְׁנַיִם בָּאוּ אֶל־הַתֵּבָה זָכָר וּנְקֵבָה.
10. כִּי־אוֹתְךָ רָאִיתִי צַדִּיק לְפָנַי בַּדּוֹר הַזֶּה.

‏11. וְלֹא מָצְאָה הַיּוֹנָה מָנוֹחַ לְכַף רַגְלָהּ.

‏12. וַיִּבֶן שָׁם אַבְרָהָם אֶת־הַמִּזְבֵּחַ וַיַּעֲרֹךְ אֶת־הָעֵצִים.

B. Give the root:

‏15. וַיִּבֶן	‏8. לְחַיּוֹת	‏1. בְּרָאָם
‏16. וַיִּהְיוּ	‏9. בָּאוּ	‏2. הוֹלִידוּ
‏17. תַּעַשׂ	‏10. וַיַּעַשׂ	‏3. וַיְחִי
‏18. וַיִּקַּח	‏11. וַיִּפַּח	‏4. רָאִיתִי
‏19. וַיִּרָא	‏12. מַבְדִּיל	‏5. מַמְטִיר
‏20. וְיִירַשׁ	‏13. וָאִירָא	‏6. נִרְאוּ
‏21. נֶאֱחַז	‏14. וַיִּטַּע	‏7. וַתָּנַח

C. Give the plural:

‏11. יוֹם	‏6. שֵׁם	‏1. אֲדָמָה
‏12. חֲגוֹרָה	‏7. אִשָּׁה	‏2. לַיְלָה
‏13. אֶרֶץ	‏8. אָב	‏3. אוֹר
‏14. רוּחַ	‏9. צֵלָע	‏4. שָׁנָה
	‏10. שָׂדֶה	‏5. עַיִן

D. Translate into Hebrew:

1. And God set[1] them in the firmament of the heaven to give light upon the earth.

2. And he planted every tree pleasant to the sight and good for food.[2]

3. On the third day he lifted his eyes and he saw the mountain from afar.

4. He created them male and female and he blessed them.

5. Take thy only son whom thou lovest and go upon one of the mountains in this land. Do not do anything to him.

E. Translate into Hebrew:

1. to remember	6. tent
2. to live	7. nation
3. to fear	8. month
4. to cut	9. bread
5. to add	10. altar

---

[1]Use the verb נָתַן in the Qal imperfect with Waw consecutive.

[2]מַאֲכָל.

F. Translate the following words (selected from the Word Lists) into English:

1. קוּם
2. שָׁמַע
3. פָּקַח
4. נָטָה
5. נוּחַ
6. חָמֵשׁ
7. עַם
8. קֹדֶשׁ
9. אֱנוֹשׁ
10. עֶבֶד

Statuette of Sumerian female worshiper found at Khafaje, almost directly north of Babylon.

Lesson Thirteen
Genesis 28:10–22

ס קו 10 וַיֵּצֵא יַעֲקֹב מִבְּאֵר שָׁבַע וַיֵּלֶךְ חָרָנָה׃
11 וַיִּפְגַּע בַּמָּקוֹם וַיָּלֶן שָׁם כִּי־בָא הַשֶּׁמֶשׁ וַיִּקַּח מֵאַבְנֵי הַמָּקוֹם וַיָּשֶׂם
מְרַאֲשֹׁתָיו וַיִּשְׁכַּב בַּמָּקוֹם הַהוּא׃ 12 וַיַּחֲלֹם וְהִנֵּה סֻלָּם מֻצָּב אַרְצָה
וְרֹאשׁוֹ מַגִּיעַ הַשָּׁמָיְמָה וְהִנֵּה מַלְאֲכֵי אֱלֹהִים עֹלִים וְיֹרְדִים בּוֹ׃
13 וְהִנֵּה יְהוָה נִצָּב עָלָיו וַיֹּאמַר אֲנִי יְהוָה אֱלֹהֵי אַבְרָהָם אָבִיךָ וֵאלֹהֵי
יִצְחָק הָאָרֶץ אֲשֶׁר אַתָּה שֹׁכֵב עָלֶיהָ לְךָ אֶתְּנֶנָּה וּלְזַרְעֶךָ׃ 14 וְהָיָה
זַרְעֲךָ כַּעֲפַר הָאָרֶץ וּפָרַצְתָּ יָמָּה וָקֵדְמָה וְצָפֹנָה וָנֶגְבָּה וְנִבְרְכוּ בְךָ
כָּל־מִשְׁפְּחֹת הָאֲדָמָה וּבְזַרְעֶךָ[a]׃ 15 וְהִנֵּה אָנֹכִי עִמָּךְ וּשְׁמַרְתִּיךָ בְּכֹל
אֲשֶׁר־תֵּלֵךְ וַהֲשִׁבֹתִיךָ אֶל־הָאֲדָמָה הַזֹּאת כִּי לֹא אֶעֱזָבְךָ עַד אֲשֶׁר
אִם־עָשִׂיתִי אֵת אֲשֶׁר־דִּבַּרְתִּי לָךְ׃ 16 וַיִּיקַץ יַעֲקֹב מִשְּׁנָתוֹ וַיֹּאמֶר אָכֵן
יֵשׁ יְהוָה בַּמָּקוֹם הַזֶּה וְאָנֹכִי לֹא יָדָעְתִּי׃ 17 וַיִּירָא וַיֹּאמַר מַה־נּוֹרָא
הַמָּקוֹם הַזֶּה אֵין זֶה כִּי אִם־בֵּית אֱלֹהִים וְזֶה שַׁעַר הַשָּׁמָיִם׃ 18 וַיַּשְׁכֵּם
יַעֲקֹב בַּבֹּקֶר וַיִּקַּח אֶת־הָאֶבֶן אֲשֶׁר־שָׂם מְרַאֲשֹׁתָיו וַיָּשֶׂם אֹתָהּ מַצֵּבָה
וַיִּצֹק שֶׁמֶן עַל־רֹאשָׁהּ׃ 19 וַיִּקְרָא אֶת־שֵׁם־הַמָּקוֹם הַהוּא בֵּית־אֵל
וְאוּלָם לוּז שֵׁם־הָעִיר לָרִאשֹׁנָה׃ 20 וַיִּדַּר יַעֲקֹב נֶדֶר לֵאמֹר אִם־
יִהְיֶה אֱלֹהִים עִמָּדִי וּשְׁמָרַנִי בַּדֶּרֶךְ הַזֶּה אֲשֶׁר אָנֹכִי הוֹלֵךְ וְנָתַן־לִי
לֶחֶם לֶאֱכֹל וּבֶגֶד לִלְבֹּשׁ׃ 21 וְשַׁבְתִּי בְשָׁלוֹם אֶל־בֵּית אָבִי וְהָיָה יְהוָה
לִי לֵאלֹהִים׃ 22 וְהָאֶבֶן הַזֹּאת אֲשֶׁר־שַׂמְתִּי מַצֵּבָה יִהְיֶה בֵּית אֱלֹהִים
וְכֹל אֲשֶׁר תִּתֶּן־לִי עַשֵּׂר אֲעַשְּׂרֶנּוּ לָךְ׃

VOCABULARY

and he went out — וַיֵּצֵא (יָצָא)
and he lighted upon — וַיִּפְגַּע (פָּגַע)
and he passed the night — וַיָּלֶן (לון)
from the stones of — מֵאַבְנֵי (אֶבֶן)

I shall bring thee back	וַהֲשִׁיבֹתִיךָ (שׁוּב)
to abandon, leave	עָזַב
and he awakened	וַיִּיקַץ (יָקַץ)
surely, indeed	אָכֵן
and he was afraid	וַיִּירָא
fearful	נוֹרָא
pillar, monument	מַצֵּבָה (נָצַב)
and he poured	וַיִּצֹק (יָצַק)
oil	שֶׁמֶן
but	אוּלָם
and he vowed	וַיִּדַּר (נָדַר)
with me	עִמָּדִי
to wear, to put on	לִלְבֹּשׁ
to tithe, to give the tenth	עַשֵּׂר
and he placed	וַיָּשֶׂם (שִׂים)
place of the head	מְרַאֲשׁוֹת (רֹאשׁ)
ladder	סֻלָּם (סָלַל)
set up	מֻצָּב (נָצַב)
reaching	מַגִּיעַ (נָגַע)
the angels of	מַלְאֲכֵי
standing	נִצָּב (נָצַב)
seed	זֶרַע
dust	עָפָר
to spread abroad, break over, increase	פָּרַץ
to the west	יָמָּה
to the east	קֵדְמָה
to the north	צָפוֹנָה
to the south	נֶגְבָּה
family	מִשְׁפָּחָה (מִשְׁפָּחוֹת)

EXPLANATORY NOTES

V. 10 בְּאֵר שָׁבַע *Beer-sheba*, for בְּאֵר שֶׁבַע. שָׁבַע is a pausal form (see Weingreen, *Practical Grammar*, pp. 21, 137).

חָרָנָה *to Haran*. The ה ָ in this case is known as ה locale, indicating direction toward a place.

V. 11 וַיִּפְגַּע בְּ– *and he lighted upon* (also *met*). The verb פָּגַע is followed by the preposition –בְּ.

מָקוֹם *place*, from קוּם (m., pl. מְקוֹמוֹת).

וַיָּלֶן Qal imperfect with Waw consecutive, from לוּן *to pass the night*, *to lodge*; cf. מָלוֹן *inn* (Gen. 42:27).

בָּא הַשֶּׁמֶשׁ *the sun was set*, a useful expression to remember.

אֶבֶן *stone* (f., pl. אֲבָנִים *stones*; אַבְנֵי *the stones of*). אֶבֶן is feminine, hence אֶבֶן גְּדוֹלָה *a big stone.*

וַיָּשֶׂם Qal imperfect, with Waw consecutive, from שִׂים or שׂוּם *to put, place.*

מְרַאֲשׁוֹת *that which is at anyone's head*, from רֹאשׁ *head*. Cf. מַרְגְּלוֹת *that which is at anyone's foot* (Ruth 3:4), from רֶגֶל *foot.*

בַּמָּקוֹם הַהוּא *in that place.*

V. 12 סֻלָּם *ladder*, probably derived from סָלַל *to heap up*, *cast up.*

מֻצָּב Hophal participle, from נָצַב *to set up*, *place* (for the use of the Hophal, see Appendix 1).

אַרְצָה *to the earth*, with ה locale (see V. 10).

מַגִּיעַ *reaching*, Hiphil participle of נָגַע *to touch.* The Hiphil therefore means *to cause to touch* or *to reach* (see Appendix 1).

הַשָּׁמָיְמָה *to the heaven*, שָׁמַיִם with ה locale (see V. 10).

V. 13 נִצָּב *set*, *standing*, Niphal participle, from נָצַב *to set up*, *stand.*

אֶתְּנֶנָּה *I will give it* (f.), Qal imperfect of נָתַן *to give*, with the feminine pronominal suffix referring to הָאָרֶץ (f.). The last נ, known as *nun energicum*, provides emphasis (see Weingreen, *Practical Grammar*, p. 131).

V. 14 נִבְרְכוּ *they shall be blessed*, Niphal perfect of בָּרַךְ *to bless.*

V. 15 וַהֲשִׁיבֹתִיךָ *and I will bring thee back*, Hiphil perfect of שׁוּב *to return*, with Waw consecutive and pronominal suffix.

אֶעֱזָבְךָ Qal imperfect of עָזַב *to leave*, with pronominal suffix.

עַד *until*, preposition. Cf. עַד הַבֹּקֶר *till the morning.*

עַד אֲשֶׁר *until*, conjunction. Cf. עַד אֲשֶׁר דִּבַּרְתִּי *until I have spoken.* It is important to note that when the preposition is used with a verb, אֲשֶׁר is added: thus לִפְנֵי הַמַּבּוּל *before the flood*; but לִפְנֵי אֲשֶׁר הָלַךְ *before he went.*

V. 16 וַיִּיקַץ Qal imperfect of יָקַץ *to awake.*

מִשְּׁנָתוֹ *out of his sleep*; שֵׁנָה *sleep*, from יָשַׁן *to sleep.*

V. 17 וַיִּירָא *and he was afraid*, Qal imperfect of יָרֵא *to fear.*

נוֹרָא *full of awe*, Niphal participle of יָרֵא *to fear.*

אֵין זֶה כִּי אִם־ *this is none other but*, an idiomatic expression.

V. 18 מַצֵּבָה *pillar*, *monument*, a noun derived from נָצַב (see V. 13).

וַיִּצֹק *and he poured*, Qal imperfect of יָצַק *to pour.*

V. 19 לָרִאשֹׁנָה *at the first*, *formerly*, from ראשׁ *head.* Cf. בְּרֵאשִׁית in Genesis 1:1.

V. 20 וַיִּדַּר *and he vowed*, Qal imperfect of נָדַר *to vow.* The noun is נֶדֶר *a vow.*

V. 21 וְשַׁבְתִּי Qal perfect of שׁוּב *to return*, with Waw consecutive.

V. 22 תִּתֶּן־לִי Qal imperfect of נָתַן *to give* with declined preposition לִי, *to me*.

אֲעַשְּׂרֶנּוּ *I shall give a tenth of it*, from עַשֵּׂר *to tithe*. Cf. עֲשָׂרָה *ten*; מַעֲשֵׂר *one-tenth, a tithe*.

STUDY HINTS

1. The Vocabulary for this lesson is larger than usual; it is advisable to go over the list carefully three or four times.
2. Read the text at least twice with constant reference to the Vocabulary and the Explanatory Notes.
3. Translate the text orally and compare with an English translation of the corresponding verses. Write the translation of the verses indicated in Exercise C and check your work accordingly.
4. Although the vocabulary list is large, the text itself is easy to follow. It is written in an easy narrative style.
5. Instead of the usual rapid-reading exercise, you are asked this time to memorize two verses. See Exercise A.
6. Exercises D and E should serve as an indication of the progress you have made in Biblical Hebrew. Do them carefully. You may refer to the Vocabulary and Explanatory Notes.
7. Do orally Exercises C and G.
8. Write out the answers to B, D, E, F, and G.

EXERCISES

A. Memorize Genesis 28:16–17.

B. Give the root:

9. מְרַאֲשׁוֹת	5. מֻצָּב	1. תִּתֵּן
10. וַיִּירָא	6. וַיֵּצֵא	2. וַיִּקַּח
11. מַגִּיעַ	7. שַׁבְתִּי	3. וַיִּדַּר
12. וַיָּלֶן	8. וַיִּפְגַּע	4. אֶתְּנֶנָּה

C. Translate into English Genesis 28:12, 15, 16, 17.

D. Translate into Hebrew:

And it came to pass[1] when[2] Jacob went out from Beer-sheba, he took a large stone and he placed it[3] under his head. And he saw in his dream a ladder, and the top of it reached to heaven. The angels of God ascended and descended. And Jacob awoke out of his sleep and he said, "I knew not that the Lord is in this place. How full of awe is this place! Indeed this is the gate of heaven."

E. Translate into Hebrew (all sentences are based on the text of this lesson):
   1. When Jacob went out of Beer-sheba, he went to Haran.
   2. When he saw that the sun was set, he passed the night in that place.
   3. Jacob dreamed that he saw the angels going up and down.
   4. When Jacob awoke out of his sleep he did not know that God was in this place.
   5. This house is full of awe. This is the gate of heaven.

F. Translate into Hebrew (this exercise is based on V. 15 [עַד אֲשֶׁר] and V. 12 [the ה locale]):
   1. until the house; until he ate the bread
   2. before the flood; before he went to the city
   3. after the man; after the man planted the tree
   4. the city; to the city;[4] to the city[5]
   5. the heaven; to the heaven;[4] to the heaven[5]

G. Translate into Hebrew (this exercise is also based on V. 15. All the verbs used here are found in Appendix 3):
   1. before the flood; before the flood went down
   2. after the donkey; after the donkey had eaten
   3. until the morning; until he went up to the mountain
   4. before the house; before he ate
   5. until the field; until he built the house

---

[1]See Genesis 22:1 (also V. 1, Lesson 10).
[2]Use כַּאֲשֶׁר followed by *went* (in the perfect).
[3]אֹתָהּ. This is feminine (see V. 11).
[4]one word.
[5]two words.

WORD LIST 11

Words occurring in the Bible from 200 to 500 times

article, vessel	כְּלִי (כֵּלִים)	to fall	נָפַל
silver	כֶּסֶף	to snatch, deliver	נָצַל
bread	לֶחֶם	to turn aside	סוּר
altar	מִזְבֵּחַ (מִזְבְּחוֹת)	to serve	עָבַד
war	מִלְחָמָה (מִלְחָמוֹת)	to answer	עָנָה

Figurine (front and side view) discovered at Megiddo.

Lesson Fourteen
Genesis 37:1–11

37 1 וַיֵּשֶׁב יַעֲקֹב בְּאֶרֶץ מְגוּרֵי אָבִיו בְּאֶרֶץ כְּנָעַן׃ 2 אֵלֶּה ׀
תֹּלְדוֹת יַעֲקֹב יוֹסֵף בֶּן־שְׁבַע־עֶשְׂרֵה שָׁנָה הָיָה רֹעֶה אֶת־אֶחָיו בַּצֹּאן
וְהוּא נַעַר אֶת־בְּנֵי בִלְהָה וְאֶת־בְּנֵי זִלְפָּה נְשֵׁי אָבִיו וַיָּבֵא יוֹסֵף אֶת־
דִּבָּתָם רָעָה אֶל־אֲבִיהֶם׃ 3 וְיִשְׂרָאֵל אָהַב אֶת־יוֹסֵף מִכָּל־בָּנָיו כִּי־
בֶן־זְקֻנִים הוּא לוֹ וְעָשָׂה[a] לוֹ כְּתֹנֶת פַּסִּים׃ 4 וַיִּרְאוּ אֶחָיו כִּי־אֹתוֹ אָהַב
אֲבִיהֶם מִכָּל־אֶחָיו[a] וַיִּשְׂנְאוּ אֹתוֹ וְלֹא יָכְלוּ דַּבְּרוֹ[b] לְשָׁלֹם׃ 5 וַיַּחֲלֹם
יוֹסֵף חֲלוֹם וַיַּגֵּד לְאֶחָיו [a]וַיּוֹסִפוּ עוֹד שְׂנֹא אֹתוֹ[a]׃ 6 וַיֹּאמֶר אֲלֵיהֶם
שִׁמְעוּ־נָא הַחֲלוֹם הַזֶּה אֲשֶׁר חָלָמְתִּי׃ 7 וְהִנֵּה אֲנַחְנוּ מְאַלְּמִים אֲלֻמִּים
בְּתוֹךְ הַשָּׂדֶה וְהִנֵּה קָמָה אֲלֻמָּתִי וְגַם־נִצָּבָה וְהִנֵּה תְסֻבֶּינָה אֲלֻמֹּתֵיכֶם
וַתִּשְׁתַּחֲוֶיןָ לַאֲלֻמָּתִי׃ 8 וַיֹּאמְרוּ לוֹ אֶחָיו הֲמָלֹךְ תִּמְלֹךְ עָלֵינוּ אִם־
מָשׁוֹל תִּמְשֹׁל בָּנוּ וַיּוֹסִפוּ עוֹד שְׂנֹא אֹתוֹ עַל־חֲלֹמֹתָיו וְעַל־דְּבָרָיו׃
9 וַיַּחֲלֹם עוֹד חֲלוֹם אַחֵר וַיְסַפֵּר אֹתוֹ[a] לְאֶחָיו וַיֹּאמֶר הִנֵּה חָלַמְתִּי
חֲלוֹם עוֹד וְהִנֵּה הַשֶּׁמֶשׁ וְהַיָּרֵחַ וְאַחַד עָשָׂר כּוֹכָבִים מִשְׁתַּחֲוִים לִי׃
10 [a]וַיְסַפֵּר אֶל־אָבִיו וְאֶל־אֶחָיו[a] וַיִּגְעַר־בּוֹ אָבִיו וַיֹּאמֶר לוֹ מָה הַחֲלוֹם
הַזֶּה אֲשֶׁר חָלָמְתָּ הֲבוֹא נָבוֹא אֲנִי וְאִמְּךָ וְאַחֶיךָ לְהִשְׁתַּחֲוֹת לְךָ אָרְצָה׃
11 וַיְקַנְאוּ־בוֹ אֶחָיו וְאָבִיו שָׁמַר אֶת־הַדָּבָר׃

VOCABULARY

son of old age	בֶּן־זְקוּנִים	sojourning	מְגוּרִים (גור)
tunic, coat	כְּתֹנֶת	Canaan (f.)	כְּנַעַן
colored stripes, edges	פַּסִּים	shepherd	רוֹעֶה (רָעָה)
and they hated	וַיִּשְׂנְאוּ (שָׂנֵא)	flock	צֹאן
they were able	יָכְלוּ	evil report	דִּבָּה (דָּבַב)

bowed down	(שָׁחָה)	dream	חֲלוֹם (חֲלוֹמוֹת)
thou shalt reign	תִּמְלֹךְ	and he told	וַיַּגֵּד (נָגַד)
rule	מָשַׁל	and they added	וַיּוֹסִיפוּ
and he related	וַיְסַפֵּר (סָפַר)	binding sheaves	מְאַלְּמִים
moon	יָרֵחַ	sheaf	אֲלֻמָּה (אֲלֻמּוֹת)
star	כּוֹכָב	stood up	נִצָּבָה (נָצַב)
and he rebuked	וַיִּגְעַר (גָּעַר)	they turned around	תְּסֻבֶּינָה (סָבַב)
and they envied	וַיְקַנְאוּ (קָנָא)	and they	וַתִּשְׁתַּחֲוֶינָה

EXPLANATORY NOTES

V. 1 וַיֵּשֶׁב *and he dwelt*, Qal imperfect of יָשַׁב *to sit*, *dwell*.

מְגוּרִים *sojournings*, *dwelling*, from גּוּר *to sojourn*, *inhabit*; מְגוּרֵי *the sojourning of*, the construct form (plural).

V. 2 תּוֹלְדוֹת *the generations of*, from יָלַד *to give birth* (see V. 4, Lesson 3).

בֶּן־שְׁבַע־עֶשְׂרֵה שָׁנָה *seventeen years old* (see V. 32, Lesson 7).

אֶת *with* (see V. 7, Lesson 8).

צֹאן *flock*. A collective noun, not found in plural form. Note the silent א. Cf. רֹאשׁ *head*; זֹאת this (f.); שְׂמֹאל *left* (direction); מְלָאכָה *work*, *labor*: all these words contain a silent א.

נְשֵׁי *the wives of* (נָשִׁים *wives*, אִשָּׁה *wife*, *woman*).

וַיָּבֵא *and he brought*, Hiphil imperfect of בּוֹא *to come*, but וַיָּבֹא *and he came*, Qal imperfect of בּוֹא *to come*. Cf. Qal וַיָּקָם *and he rose*; Hiphil וַיָּקֶם *and he lifted up*.

דִּבָּתָם *their evil report*, דִּבָּה *evil report*, from דָּבַב *to murmur*, *speak evil of*.

V. 3 בֶּן־זְקוּנִים *son of old age*, *the youngest son*. זְקוּנִים is found in the plural only. Cf. נְעוּרִים *youth*, also used only in the plural.

פַּסִּים *colored stripes* or *edges*.

V. 4 וַיִּרְאוּ *and they saw*, Qal imperfect of רָאָה *to see*, but וַיַּרְאוּ *and they showed*, Hiphil imperfect of רָאָה. Note that the pataḥ of the prefix י is the sign of the Hiphil in the imperfect.

וְלֹא יָכְלוּ דַּבְּרוֹ *and they were not able to speak to him.*

V. 5 וַיַּגֵּד *and he told*, Hiphil imperfect of נָגַד; but וַיֻּגַּד *and it was told*, Hophal imperfect of נָגַד.

וַיּוֹסִפוּ *and they continued, and they added*, Hiphil imperfect of יָסַף. Cf. יוֹסֵף (Gen. 30:24). Note the expression וַיּוֹסִפוּ שְׂנֹא *they added to hate, they continued to hate, they hated all the more* (see V. 8).

שְׂנֹא *hate*, Infinitive construct of שָׂנֵא *to hate.*

V. 6 שִׁמְעוּ־נָא *hear now, hear I pray thee.* נָא is a particle of entreaty or exhortation.

V. 7 אֲלֻמָּה *sheaf.* The plural is attested as both אֲלֻמִּים and אֲלֻמּוֹת.

נִצָּבָה *stood upright*, Niphal participle of נָצַב.

תְּסֻבֶּינָה *they turn round*, Qal imperfect of סָבַב *to turn round.*

וַתִּשְׁתַּחֲוֶיןָ for וַתִּשְׁתַּחֲוֶינָה *and they bowed down*, Hithpalel imperfect of שָׁחָה *to bend, bow.* The Hithpalel is a less common conjugation rarely occurring in Biblical Hebrew. See V. 5, Lesson 10. See also מִשְׁתַּחֲוִים as participle in Genesis 37:9 and לְהִשְׁתַּחֲוֹת as Infinitive construct in Genesis 37:10.

V. 8 מָלֹךְ תִּמְלֹךְ in the expressions מָלֹךְ תִּמְלֹךְ and מָשֹׁל תִּמְשֹׁל, the verbs מָלֹךְ and מָשֹׁל respectively are used as Infinitive absolutes for emphasis. Thus מָלֹךְ תִּמְלֹךְ literally means *reigning thou shalt reign, thou shalt indeed reign.*

עַל *on account of, because of*; usually means *on, about*.

V. 9 חֲלוֹם *dream* (m.); חֲלוֹמוֹת *dreams.*

V. 10 ־הֲ the interrogative ־הֲ introduces a question usually answered by "yes" or "no": הֲתֵלֵךְ אֶל־הַבַּיִת? *will you go to the house?* הֲיָשַׁבְתָּ עַל־הָאָרֶץ? *did you sit on the ground?*

הֲבוֹא נָבוֹא? *shall we indeed come?* (see V. 8).

V. 11 וַיְקַנְאוּ בוֹ *and they envied him*, Piel imperfect. Note that it takes the preposition ־בְּ.

STUDY HINTS

1. There are fewer words in the Vocabulary of this lesson. A number of these words have already appeared in previous lessons.
2. Go over the Vocabulary carefully several times.
3. Read the text with the aid of both the Vocabulary and the Explanatory Notes.
4. Translate the text orally; compare your translation with the corresponding text in an English Bible.
5. The Explanatory Notes on Verses 2, 5, 7, and 8 contain several important points.
6. We cannot stress enough the importance of studying the Word Lists thoroughly. The words contained in these lists constitute the greater part of any Biblical Hebrew text, especially the narrative portions. Take any line in the Hebrew Bible and examine the words and their frequency, and you will soon be convinced of the importance of knowing these lists well.
7. The first words in the expressions מָלֹךְ תִּמְלֹךְ and מָשׁוֹל תִּמְשֹׁל (Gen. 37:8) are known as Infinitive absolutes, and are used mainly for emphasis. The Infinitive absolute is frequently used in Biblical Hebrew.
8. Do not neglect Exercise A, rapid reading.
9. Do Exercises A, D, and E for oral practice.
10. Write out the answers to Exercises B, C, F, and G.

EXERCISES

A. Rapidly read Genesis 37:8–9.

B. Give the root:

1. רֹעִים	5. תְּסֻבֶּינָה	9. וַיּוֹסִיפוּ
2. וַיָּבֵא	6. מְגוּרִים	10. וַתִּשְׁתַּחֲוֶינָה
3. הַגִּידָה	7. וַיַּגֵּד	11. נִצָּבָה
4. מְאַלְּמִים	8. וַיְקַנְאוּ	12. וַיִּרְאוּ

C. Give the plural:

1. אֶרֶץ	3. שָׁנָה	5. נַעַר
2. בֵּן	4. רוֹעֶה	6. אֲלֻמָּה

7. דָּבָר
8. אִשָּׁה
9. חֲלוֹם
10. אָב
11. שָׂדֶה
12. בַּת
13. כּוֹכָב
14. אָח

D. Translate into idiomatic English Genesis 37:3, 6, 8, 9.

E. Translate into English:

1. אָהַב יַעֲקֹב אֶת־יוֹסֵף מִכָּל־בָּנָיו וַיַּעַשׂ לוֹ כְּתֹנֶת פַּסִּים.
2. סִפֵּר יוֹסֵף אֶת־חֲלוֹמוֹ לְאֶחָיו לֵאמֹר: הִנֵּה הַשֶּׁמֶשׁ וְהַיָּרֵחַ וְהַכּוֹכָבִים מִשְׁתַּחֲוִים לִי.
3. שָׂנְאוּ בְּנֵי יַעֲקֹב אֶת־יוֹסֵף אֲחִיהֶם וְלֹא יָכְלוּ דַּבְּרוֹ לְשָׁלוֹם.
4. גָּעַר יַעֲקֹב בִּבְנוֹ יוֹסֵף וַיֹּאמֶר לוֹ: הֲבוֹא נָבוֹא אֲנִי וְאַחֶיךָ לְהִשְׁתַּחֲווֹת לְךָ?
5. שִׁמְעוּ־נָא אֶת־הַחֲלוֹם הַזֶּה אֲשֶׁר חָלַמְתִּי הַלַּיְלָה הַזֶּה.

F. Translate into Hebrew:

And it came to pass,[1] when Joseph was[2] seventeen years old,[3] his father made[2] him a coat of many colors. And his brethren hated[2] Joseph because their father loved him more than all of them.[4] They hated him yet the more[5] when he told them the dream which he had dreamed about[6] the sheaves which were in the field and about[6] the sun, the moon, and the stars.

G. Translate into Hebrew (one word):

1. all of us
2. the wives of
3. and he brought
4. to speak to him
5. and they (f.) bowed down
6. all of them
7. all of you (m. pl.)
8. to the ground (earth)
9. in our midst
10. upon us

---

[1]וַיְהִי.
[2]Translate the verb before the subject of the sentence.
[3]Cf. Genesis 37:2.
[4]*all* כָּל; *all of us* כֻּלָּנוּ; *all of them* כֻּלָּם.
[5]Cf. Genesis 37:5.
[6]Use עַל. The preposition עַל should be repeated before each noun.

WORD LIST 12

Words occurring in the Bible from 200 to 500 times

place	מָקוֹם (מְקוֹמוֹת)	to visit	פָּקַד
judgment	מִשְׁפָּט (מִשְׁפָּטִים)	to multiply	רָבָה
prophet	נָבִיא (נְבִיאִים)	to be high	רוּם
around	סָבִיב	to lie down	שָׁכַב
burnt offering	עוֹלָה (עוֹלוֹת)	to keep	שָׁמַר

Assortment of Assyrian pottery from the second millennium B.C., probably as early as the time of Abraham.

Lesson Fifteen
Genesis 37:12–22

12 וַיֵּלְכוּ אֶחָיו
לִרְעוֹת אֶת־צֹאן[a] אֲבִיהֶם בִּשְׁכֶם׃ 13 וַיֹּאמֶר יִשְׂרָאֵל אֶל־יוֹסֵף הֲלוֹא
אַחֶיךָ רֹעִים בִּשְׁכֶם לְכָה וְאֶשְׁלָחֲךָ אֲלֵיהֶם וַיֹּאמֶר לוֹ הִנֵּנִי׃ 14 וַיֹּאמֶר
לוֹ לֶךְ־נָא רְאֵה אֶת־שְׁלוֹם אַחֶיךָ וְאֶת־שְׁלוֹם הַצֹּאן וַהֲשִׁבֵנִי דָּבָר
וַיִּשְׁלָחֵהוּ מֵעֵמֶק חֶבְרוֹן וַיָּבֹא שְׁכֶמָה׃ 15 וַיִּמְצָאֵהוּ אִישׁ וְהִנֵּה תֹעֶה
בַּשָּׂדֶה וַיִּשְׁאָלֵהוּ הָאִישׁ לֵאמֹר מַה־תְּבַקֵּשׁ׃ 16 וַיֹּאמֶר אֶת־אַחַי אָנֹכִי
מְבַקֵּשׁ הַגִּידָה־נָּא לִי אֵיפֹה הֵם רֹעִים׃ 17 וַיֹּאמֶר הָאִישׁ נָסְעוּ מִזֶּה כִּי
שָׁמַעְתִּי[a] אֹמְרִים נֵלְכָה דֹּתָיְנָה וַיֵּלֶךְ יוֹסֵף אַחַר אֶחָיו וַיִּמְצָאֵם בְּדֹתָן׃
18 וַיִּרְאוּ אֹתוֹ מֵרָחֹק וּבְטֶרֶם יִקְרַב אֲלֵיהֶם וַיִּתְנַכְּלוּ אֹתוֹ לַהֲמִיתוֹ׃
19 וַיֹּאמְרוּ אִישׁ אֶל־אָחִיו הִנֵּה בַּעַל הַחֲלֹמוֹת הַלָּזֶה בָּא׃ 20 וְעַתָּה
לְכוּ וְנַהַרְגֵהוּ וְנַשְׁלִכֵהוּ בְּאַחַד הַבֹּרוֹת וְאָמַרְנוּ חַיָּה רָעָה אֲכָלָתְהוּ
וְנִרְאֶה מַה־יִּהְיוּ חֲלֹמֹתָיו׃ 21 וַיִּשְׁמַע רְאוּבֵן[a] וַיַּצִּלֵהוּ מִיָּדָם וַיֹּאמֶר
לֹא נַכֶּנּוּ נָפֶשׁ׃ 22 וַיֹּאמֶר אֲלֵהֶם רְאוּבֵן אַל־תִּשְׁפְּכוּ־דָם הַשְׁלִיכוּ
אֹתוֹ אֶל־הַבּוֹר הַזֶּה אֲשֶׁר בַּמִּדְבָּר וְיָד אַל־תִּשְׁלְחוּ־בוֹ לְמַעַן הַצִּיל
אֹתוֹ מִיָּדָם לַהֲשִׁיבוֹ אֶל־אָבִיו׃

VOCABULARY

to pasture	לִרְעוֹת (רָעָה)
Shechem	שְׁכֶם
is it not?	הֲלוֹא
peace, welfare	שָׁלוֹם
bring me back	הֲשִׁבֵנִי (שׁוּב)
valley	עֵמֶק (עֲמָקִים)
wandering	תּוֹעֶה (תֹּעֶה)
to seek	בִּקֵּשׁ
from here	מִזֶּה
before	בְּטֶרֶם
to be near	קָרַב
and they conspired	וַיִּתְנַכְּלוּ (נָכַל)

we shall smite him	נַכֵּנוּ (נָכָה)	to kill him	לַהֲמִיתוֹ (מוּת)
soul (f.)	נֶפֶשׁ (נְפָשׁוֹת)	the dreamer	בַּעַל הַחֲלוֹמוֹת
to shed, pour out	תִּשְׁפְּכוּ (שָׁפַךְ)	that, yonder	הַלָּזֶה
blood	דָּם	to kill	וְנַהַרְגֵהוּ (הָרַג)
wilderness	מִדְבָּר	we shall cast him	נַשְׁלִיכֵהוּ (שָׁלַךְ)
to send forth	שָׁלַח	pit	בּוֹר (בּוֹרוֹת)
to return him	לַהֲשִׁיבוֹ	and he rescued him	וַיַּצִּלֵהוּ (נָצַל)

EXPLANATORY NOTES

V. 12 לִרְעוֹת *to pasture*, Qal Infinitive construct of רָעָה *to pasture.*

שְׁכֶם *Shechem*, a famous town in Palestine, also known today by its Arabic name, Nablus. Archaeological excavations have revealed a great deal about this ancient city during the biblical period.

V. 13 לְכָה *go*, Qal imperative of הָלַךְ *to go.* לְכָה is the cohortative (which expresses desire or wish) for לֵךְ *go!*

V. 14 וַהֲשִׁבֵנִי *and bring back to me*, Hiphil imperative of שׁוּב *to come back.*

וַיִּשְׁלָחֵהוּ *and he sent him*, Qal imperfect, from שָׁלַח *to send.*

V. 15 וַיִּמְצָאֵהוּ *and he found him*, Qal imperfect, from מָצָא *to find.*

וַיִּשְׁאָלֵהוּ *and he asked him*, Qal imperfect, from שָׁאַל *to ask.*

V. 16 הַגִּידָה *tell me*, Hiphil imperative of נָגַד, a cohortative form; here *do tell me, I pray thee.*

V. 17 מִזֶּה shortened form מִן זֶה *from this* [*place*], i.e., *from here.*

דֹּתָיְנָה *to Dothan*. Note the ה locale.

V. 18 וּבְטֶרֶם יִקְרַב *and before he came near*. Note that בְּטֶרֶם, which usually means *not yet*, *before that*, is generally followed by the imperfect. Cf. Genesis 2:5.

וַיִּתְנַכְּלוּ *and they conspired against*, Hithpael of נָכַל *to act fraudulently.*

לַהֲמִיתוֹ *to kill him*, Hiphil Infinitive construct of מוּת *to die.*

V. 19 אִישׁ אֶל־אָחִיו *one to another*, a useful expression to remember.

בַּעַל literally *master*, *owner*. It also means *husband*, i.e., *possessor of a woman.*

בַּעַל הַחֲלוֹמוֹת *one who has dreams*, i.e., *the dreamer.*

V. 20 לְכוּ *Qal imperative of* הָלַךְ *to go.*

נַהַרְגֵהוּ וְנַשְׁלִיכֵהוּ *let us slay him and let us cast him.*

בּוֹר *pit* (m., pl. בּוֹרוֹת).

אֲכָלָתְהוּ *she* [i.e., *the beast*, חַיָּה (f.)] *hath devoured him*. It is the same as אָכְלָה אֹתוֹ.

V. 21 וַיַּצִּלֵהוּ for וַיַּצִּילֵהוּ *and he rescued him*, Hiphil imperfect of נָצַל.

נַכֶּנּוּ *we shall smite him*. It is the same as נַכֶּה אֹתוֹ. The verb נַכֶּה is Hiphil imperfect of נָכָה.

נָפֶשׁ a pausal form for נֶפֶשׁ *soul*, *life* (pl. נְפָשׁוֹת *souls*).

V. 22 וְיָד אַל־תִּשְׁלְחוּ־בוֹ *and lay not your hand upon him*. The expression שָׁלַח יָד is often found in biblical texts (e.g., Exod. 9:15; 1 Sam. 24:6). Literally it means *to send forth a hand*, usually in the sense of causing harm.

לַהֲשִׁיבוֹ *to restore him*, Hiphil Infinitive construct of שׁוּב *to return.*

STUDY HINTS

1. Read the text through once without referring to any helps. How many of the words did you recognize? Now reread it carefully, referring to the Vocabulary and Explanatory Notes.
2. Go over the Vocabulary several times. Review the words you come across ın this lesson that you have learned previously.
3. Translate the text and compare your translation with the corresponding text in an English Bible.
4. Study carefully the Explanatory Notes on verses 17, 19, and 22.
5. Consult Appendixes 1 and 3 when you do Exercise C and Word List 13.
6. Study the Word List. You cannot open the Bible without finding these words. They occur over and over again. Every word in the lists is important.
7. Read Exercise A over several times.
8. Write out the answers to Exercises B, C, D, E, F, and G.

EXERCISES

A. Rapidly read Genesis 37:12–14.

B. Explain the following expressions with a brief note:

1. דֹּתָיְנָה
2. בַּעַל הַחֲלוֹמוֹת
3. אִישׁ אֶל־אָחִיו
4. מִזֶּה
5. אֲכָלָתְהוּ
6. נָפֶשׁ
7. אַל־תִּשְׁלְחוּ יָד
8. קָרָה, קָרָא, קָרַע
9. בְּטֶרֶם
10. נַכֶּנּוּ

C. Give the root:

1. נֵלְכָה
2. הַגִּידָה
3. נַשְׁלִיכֵהוּ
4. לַהֲמִיתוֹ
5. לֵךְ
6. לְכָה
7. נַכֶּנּוּ
8. וַיִּמְצָאֵם
9. הֲשִׁיבֵנִי
10. וַיִּתְנַכְּלוּ
11. רוֹעִים
12. וַיַּצִּילֵהוּ

D. Determine the conjugation (verb pattern):

1. וַיִּמְצָאֵם
2. אֲכָלַתְהוּ
3. נֵלְכָה
4. נִרְאֶה
5. נָסְעוּ
6. לַהֲמִיתוֹ
7. תִּשְׁלְחוּ
8. מְבַקֵּשׁ
9. וַיִּתְנַכְּלוּ
10. נַשְׁלִיכֵהוּ
11. חָלַמְתִּי
12. וַיַּצִּילֵהוּ

E. Translate into Hebrew the following in one word (all are found in this lesson):

Example: and he called him וַיִּקְרָאֵהוּ

1. and I will send thee
2. here I am
3. and bring me back
4. and he rescued him
5. from here
6. to Shechem
7. and he sent him
8. is it not?
9. and he found him
10. and he found them

F. Rewrite the following in Hebrew in two words with translation (consult Appendix 3, if necessary).

Example: וַיִּשְׂנָאוּהוּ — וַיִּשְׂנְאוּ אוֹתוֹ and they hated him

1. וַיִּמְצָאֵם
2. וַיַּצִּילֵהוּ
3. לַהֲמִיתוֹ
4. נַשְׁלִיכֵהוּ
5. וַיִּשְׁאָלֵהוּ
6. אֲכָלַתְהוּ

7. נַכֶּנּוּ	9. וַיִּמְצָאֶהָ
8. וְאֶשְׁלָחֲךָ	10. וַיִּמְצָאֵהוּ

G. Translate into Biblical Hebrew:

And Joseph's brothers[1] went [2] to feed [i.e., pasture] the flock of their father. Jacob sent Joseph, his son, to his brothers, who were in the valley of Hebron. And it came to pass when the brothers saw Joseph from afar, they said one to another, "Behold, the dreamer[3] cometh." And they said, "Come,[4] let us kill him and let us cast him in one of the pits." But when Reuben heard these words he delivered him out of their hands.

WORD LIST 13

Words occurring in the Bible from 100 to 500 times

world, eternity	עוֹלָם	to judge	שָׁפַט
tree	עֵץ (עֵצִים)	to drink	שָׁתָה
ten	עֶשֶׂר	to perish	אָבַד
twenty	עֶשְׂרִים	to be firm, trustworthy	אָמֵן
time	עֵת	to be ashamed	בּוֹשׁ

[1]Translate "the brothers of Joseph."
[2]Begin the sentence with the verb.
[3]See Genesis 37:19.
[4]See Genesis 37:20.

Lesson Sixteen
Genesis 37:23–36

23 וַיְהִ֕י כַּאֲשֶׁר־בָּ֥א יוֹסֵ֖ף אֶל־אֶחָ֑יו
וַיַּפְשִׁ֤יטוּ אֶת־יוֹסֵף֙ אֶת־כֻּתָּנְתּ֔וֹ[a] אֶת־כְּתֹ֥נֶת הַפַּסִּ֖ים אֲשֶׁ֥ר עָלָֽיו׃
24 וַיִּקָּחֻ֔הוּ וַיַּשְׁלִ֥כוּ אֹת֖וֹ הַבֹּ֑רָה וְהַבּ֣וֹר רֵ֔ק אֵ֥ין בּ֖וֹ מָֽיִם׃ 25 וַיֵּשְׁבוּ֮
לֶֽאֱכָל־לֶ֒חֶם֒ וַיִּשְׂא֤וּ עֵֽינֵיהֶם֙ וַיִּרְא֔וּ וְהִנֵּה֙ אֹרְחַ֣ת יִשְׁמְעֵאלִ֔ים בָּאָ֖ה
מִגִּלְעָ֑ד וּגְמַלֵּיהֶ֣ם נֹֽשְׂאִ֗ים נְכֹאת֙ וּצְרִ֣י וָלֹ֔ט הוֹלְכִ֖ים לְהוֹרִ֥יד מִצְרָֽיְמָה׃
26 וַיֹּ֥אמֶר יְהוּדָ֖ה אֶל־אֶחָ֑יו מַה־בֶּ֗צַע כִּ֤י נַהֲרֹג֙ אֶת־אָחִ֔ינוּ וְכִסִּ֖ינוּ אֶת־
דָּמֽוֹ׃ 27 לְכ֞וּ וְנִמְכְּרֶ֣נּוּ לַיִּשְׁמְעֵאלִ֗ים[a] וְיָדֵ֙נוּ֙ אַל־תְּהִי־ב֔וֹ כִּֽי־אָחִ֥ינוּ
בְשָׂרֵ֖נוּ[b] ה֑וּא וַֽיִּשְׁמְע֖וּ אֶחָֽיו׃ 28 וַיַּֽעַבְרוּ֩ אֲנָשִׁ֨ים מִדְיָנִ֜ים סֹחֲרִ֗ים וַֽיִּמְשְׁכוּ֙
וַיַּֽעֲל֤וּ אֶת־יוֹסֵף֙ מִן־הַבּ֔וֹר וַיִּמְכְּר֧וּ אֶת־יוֹסֵ֛ף לַיִּשְׁמְעֵאלִ֖ים בְּעֶשְׂרִ֣ים
כָּ֑סֶף וַיָּבִ֥יאוּ אֶת־יוֹסֵ֖ף מִצְרָֽיְמָה׃ 29 וַיָּ֤שָׁב רְאוּבֵן֙ אֶל־הַבּ֔וֹר וְהִנֵּ֥ה
אֵין־יוֹסֵ֖ף בַּבּ֑וֹר וַיִּקְרַ֖ע אֶת־בְּגָדָֽיו׃ 30 וַיָּ֥שָׁב אֶל־אֶחָ֖יו וַיֹּאמַ֑ר הַיֶּ֣לֶד
אֵינֶ֔נּוּ וַאֲנִ֖י אָ֥נָה אֲנִי־בָֽא׃ 31 וַיִּקְח֖וּ אֶת־כְּתֹ֣נֶת יוֹסֵ֑ף וַֽיִּשְׁחֲטוּ֙ שְׂעִ֣יר עִזִּ֔ים
וַיִּטְבְּל֥וּ אֶת־הַכֻּתֹּ֖נֶת בַּדָּֽם׃ 32 וַֽיְשַׁלְּח֞וּ אֶת־כְּתֹ֣נֶת הַפַּסִּ֗ים וַיָּבִ֙יאוּ֙[a] אֶל־
אֲבִיהֶ֔ם וַיֹּאמְר֖וּ זֹ֣את מָצָ֑אנוּ הַכֶּר־נָ֕א הַכְּתֹ֧נֶת בִּנְךָ֛ הִ֖וא אִם־לֹֽא׃
33 וַיַּכִּירָ֤הּ וַיֹּ֙אמֶר֙ כְּתֹ֣נֶת בְּנִ֔י[a] חַיָּ֥ה רָעָ֖ה אֲכָלָ֑תְהוּ טָרֹ֥ף טֹרַ֖ף יוֹסֵֽף׃
34 וַיִּקְרַ֤ע יַעֲקֹב֙ שִׂמְלֹתָ֔יו וַיָּ֥שֶׂם שַׂ֖ק בְּמָתְנָ֑יו וַיִּתְאַבֵּ֥ל עַל־בְּנ֖וֹ יָמִ֥ים
רַבִּֽים׃ 35 וַיָּקֻ֣מוּ כָל־בָּ֠נָיו וְכָל־בְּנֹתָ֜יו לְנַחֲמ֗וֹ וַיְמָאֵן֙ לְהִתְנַחֵ֔ם וַיֹּ֕אמֶר
כִּֽי־אֵרֵ֧ד אֶל־בְּנִ֛י אָבֵ֖ל שְׁאֹ֑לָה וַיֵּ֥בְךְּ אֹת֖וֹ אָבִֽיו׃ 36 וְהַ֨מְּדָנִ֔ים[a] מָכְר֥וּ
אֹת֖וֹ אֶל־מִצְרָ֑יִם לְפֽוֹטִיפַר֙ סְרִ֣יס פַּרְעֹ֔ה שַׂ֖ר הַטַּבָּחִֽים׃

VOCABULARY

and they slaughtered	וַיִּשְׁחֲטוּ (שָׁחַט)
he-goat	שְׂעִיר עִזִּים
and they dipped	וַיִּטְבְּלוּ (טָבַל)
please recognize!	הַכֶּר־נָא (נָכַר)
or not	אִם־לֹא
and he recognized it	וַיַּכִּירָהּ (נָכַר)
he was torn to pieces	טֹרַף (טָרַף)
garment	שִׂמְלָה (שְׂמָלוֹת)
sackcloth	שַׂק
loins (f.)	מָתְנַיִם
and he mourned	וַיִּתְאַבֵּל (אָבַל)
to comfort him	לְנַחֲמוֹ (נָחַם)
and he refused	וַיְמָאֵן (מָאֵן)
to be comforted	לְהִתְנַחֵם (נָחַם)
I will go down	אֵרֵד (יָרַד)
Sheol, underworld	שְׁאֹל
and he wept	וַיֵּבְךְּ (בָּכָה)
officer	סָרִיס (סָרִיסִים)
officer, captain	שַׂר (שָׂרִים)
bodyguard	טַבָּח (טַבָּחִים)
and they stripped off	וַיַּפְשִׁיטוּ (פָּשַׁט)
and they cast	וַיַּשְׁלִכוּ (שָׁלַךְ)
pit (m.)	בּוֹר (בּוֹרוֹת)
empty	רֵק
and they sat down	וַיֵּשְׁבוּ (יָשַׁב)
caravan	אֹרְחָה (אֹרְחוֹת)
camel	גָּמָל (גְּמַלִּים)
spice	נְכֹאת
balm	צְרִי
myrrh	לֹט
to bring down	לְהוֹרִיד (יָרַד)
profit	בֶּצַע
and we shall cover	וְכִסִּינוּ (כָּסָה)
we shall sell him	נִמְכְּרֶנּוּ (מָכַר)
flesh, meat	בָּשָׂר
trader	סוֹחֵר (סוֹחֲרִים)
and they pulled	וַיִּמְשְׁכוּ (מָשַׁךְ)
and he returned	וַיָּשָׁב (שׁוּב)
and he tore	וַיִּקְרַע (קָרַע)
where?	אָנָה

EXPLANATORY NOTES

V. 23 וַיַּפְשִׁיטוּ *and they stripped off*, Hiphil imperfect of פָּשַׁט, with Waw consecutive.

V. 24 הַבּוֹרָה *into the pit*, from בּוֹר *pit*, with ה locale; this ָה indicates direction (recall its frequency in Gen. 28:10–22). Other examples: מִצְרַיְמָה *to Egypt*; אַרְצָה כְּנַעַן *to the land of Canaan*. The accent does not shift when ה locale is added.

V. 25 וַיֵּשְׁבוּ *and they sat down*, Qal imperfect of יָשַׁב. In some verbs whose first root letter is י (yodh), the י disappears in the imperfect. Other examples:

וַיֵּרְדוּ	and they went down	יָרַד
וַיֵּצְאוּ	and they went out	יָצָא

אֹרְחַת *caravan of*, construct of אֹרְחָה *caravan.*

לְהוֹרִיד *to bring down*, Hiphil Infinitive construct of יָרַד. The י of the root is replaced by ו. Also לְהוֹצִיא *to take out*, from יָצָא; לְהוֹסִיף *to add*, from יָסַף.

V. 26 וְכִסִּינוּ *and we shall cover*, Piel Waw consecutive perfect of כָּסָה.

V. 27 אַל־תְּהִי־בוֹ *let it not be upon him*. תְּהִי is Qal jussive of הָיָה *to be.* The imperfect jussive form is always used with the negative particle אַל to express the negative imperative. The verb is feminine because it refers to יָד *hand*, which, like most double members of the body, is grammatically feminine.

V. 28 מִדְיָנִים, יִשְׁמְעֵאלִים Midian and Ishmael were sons of Abraham (Gen. 25); the trading tribes of the Ishmaelites and Midianites take their names from their founding ancestors, as do, for example, the tribe of Benjamin and the tribe of Judah.

וַיַּעֲלוּ *and they brought up*, Hiphil imperfect of עָלָה. This form is identical with the Qal וַיַּעֲלוּ *and they came up* and must be distinguished by context.

בְּעֶשְׂרִים כָּסֶף *for twenty silver* [*shekels*]. Note the use of the preposition –בְּ *in exchange for.*

V. 29 וְהִנֵּה אֵין־יוֹסֵף *and behold Joseph was not*. הִנֵּה *behold* enables the reader to see through the eyes of the person in the narrative (here Reuben).

V. 30 הַיֶּלֶד אֵינֶנּוּ literally *the boy, he is not*, usually translated *the boy is not there.*

אֲנִי בָא *I am coming*. בָּא here is Qal participle of בּוֹא *to come.* With אָנָה *to where* (adverb אָן plus ה locale); thus the whole question is *Where am I to go?*

V. 31 שְׂעִיר עִזִּים *he-goat*. שְׂעִיר is a construct of שָׂעִיר, which alone means he-goat; עִזִּים is the plural of עֵז *goat*. So the whole phrase is literally *a he-goat of goats*.

V. 32 הַכֶּר־נָא *please recognize!* הַכֶּר is Hiphil imperative of נָכַר. The particle נָא reinforces the imperative (see V. 2, Lesson 10): נָא *please, now, I pray thee*.

הִוא *it* (f.); normally the form is הִיא, but in the Pentateuch it is often written as it appears here.

V. 33 וַיַּכִּירָהּ *and he recognized it*, Hiphil imperfect of נָכַר with 3d f. s. suffix. *It* (f.) refers to כְּתֹנֶת *tunic, shirt*.

טָרֹף טֹרַף *he was surely torn*. טָרֹף is Qal Infinitive absolute, while טֹרַף is Pual perfect of טָרַף *to tear*. This construction of Infinitive absolute with the main verb is used for emphasis.

V. 34 וַיִּתְאַבֵּל *and he mourned*, Hithpael imperfect of אָבַל, which is usually followed by the preposition עַל *over, for*.

V. 35 לְנַחֲמוֹ *to comfort him*, Piel Infinitive construct of נָחַם with 3d m. s. suffix.

וַיְמָאֵן *and he refused*, Piel imperfect of מָאֵן.

לְהִתְנַחֵם *to be comforted*, Hithpael infinitive of נָחַם.

אָבֵל שְׁאֹלָה [*in*] *mourning to Sheol*. אָבֵל describes the action of אֵרֵד *I will go down*.

וַיֵּבְךְּ *and he wept*, Qal imperfect with Waw consecutive of בָּכָה.

V. 36 הַמְּדָנִים Probably a variant of הַמִּדְיָנִים *the Midianites*.

STUDY HINTS

1. The Vocabulary for this lesson is quite extensive. To master it, read over the passage two or three times using only the list as an aid. Then read the passage, using the Explanatory Notes. Pay special attention to the root and verb pattern (conjugation) of each verb.
2. Always try to understand the text yourself before you look at a translation. The story of Joseph's selling into Egypt may be familiar, but do not let your

knowledge of the English version lead you to neglect the grammar and vocabulary of the Hebrew passage.

3. In Verses 25 and 33 there are two kinds of weak verbs—פ״י and פ״נ. Study the paradigms in Weingreen, *Practical Grammar*, pp. 258–59 and 268–69, to learn the pecularities of these very common types of weak verbs.
4. Also in this passage are a number of verbs in the Hiphil pattern. See Weingreen, *Practical Grammar*, pp. 112–15, for a description of the Hiphil of the strong verb.
5. The text of this lesson is a continuation of the story in Lessons 14 and 15. After you have mastered the Vocabulary and studied the Explanatory Notes, reread Genesis 37 for both reading practice and an understanding of the unit as a whole. Always read aloud. It is the best way to achieve fluency.
6. Do orally Exercises A and D.
7. Write out the answers to Exercises B, C, E, F, and G.

EXERCISES

A. Rapidly read Genesis 37:25–28.

B. Give the plural:

1. בּוֹר	5. טַבָּח	9. בֶּגֶד
2. אֹרְחָה	6. שִׂמְלָה	10. עֵז
3. גָּמָל	7. שַׂר	11. יֶלֶד
4. סוֹחֵר	8. סָרִיס	12. אָח

C. Give the root, verb pattern, and meaning of the following verbs:

1. וַיַּפְשִׁיטוּ	6. לְהוֹרִיד
2. וַיִּקָּחֻהוּ	7. נַהֲרֹג
3. וַיִּתְאַבֵּל	8. וְכִסִּינוּ
4. וַיַּכִּירָהּ	9. לְנַחֵם
5. נִמְכְּרֶנּוּ	10. וַיַּשְׁלִיכוּ

D. Translate into English Genesis 37:32–35.

E. Translate into English:

1. נִמְכֹּר אֶת־אָחִינוּ לַיִּשְׁמְעֵאלִים וְיָדֵנוּ לֹא תִּהְיֶה בוֹ.
2. וַיִּטְבְּלוּ אֶת־כְּתֹנֶת יוֹסֵף בְּדַם שְׂעִיר עִזִּים וַיָּבִיאוּ אֶת־הַכֻּתֹּנֶת אֶל־אֲבִיהֶם.

3. וַיַּפְשִׁיטוּ אֶת־בִּגְדֵי יוֹסֵף וַיַּשְׁלִיכוּ אֹתוֹ הַבּוֹרָה.
4. הִנֵּה בָּאָה אֹרְחָה מִגִּלְעָד וּבָאֹרְחָה גְּמַלִּים נֹשְׂאִים נְכֹאת.
5. וַיִּתְאַבְּלוּ יַעֲקֹב וְכָל־בֵּיתוֹ עַל־יוֹסֵף וַיְמָאֲנוּ לְהִתְנַחֵם.

F. Translate into Hebrew:
   1. The coat of many colors
   2. What profit is it to us?
   3. They sat down to eat bread.
   4. And Reuben returned to the pit.
   5. And Jacob tore his clothes and put sackcloth on his loins.

G. Summarize Genesis 37 in Hebrew in not more than one page. You may consult the biblical text, but try to use your own words and sentences. This should present a rewarding challenge for you.

WORD LIST 14

Words occurring in the Bible from 100 to 500 times

mouth	פֶּה	to trust	בָּטַח
many, chief	רַב	to perceive	בִּין
wind, spirit	רוּחַ	to weep	בָּכָה
field	שָׂדֶה	to redeem	גָּאַל
official, captain	שַׂר	to become great	גָּדַל

Lesson Seventeen
Genesis 39:1–12

39 1 וְיוֹסֵף הוּרַד מִצְרָיְמָה וַיִּקְנֵהוּ פּוֹטִיפַר סְרִיס פַּרְעֹה שַׂר הַטַּבָּחִים
אִישׁ מִצְרִי מִיַּד הַיִּשְׁמְעֵאלִים אֲשֶׁר הוֹרִדֻהוּ שָׁמָּה׃ 2 וַיְהִי יְהוָה
אֶת־יוֹסֵף וַיְהִי אִישׁ מַצְלִיחַ וַיְהִי בְּבֵית אֲדֹנָיו הַמִּצְרִי׃ 3 וַיַּרְא אֲדֹנָיו
כִּי יְהוָה אִתּוֹ וְכֹל אֲשֶׁר־הוּא עֹשֶׂה יְהוָה מַצְלִיחַ בְּיָדוֹ׃ 4 וַיִּמְצָא יוֹסֵף
חֵן בְּעֵינָיו וַיְשָׁרֶת אֹתוֹ וַיַּפְקִדֵהוּ עַל־בֵּיתוֹ וְכָל־[a]יֶשׁ־לוֹ נָתַן בְּיָדוֹ׃
5 וַיְהִי מֵאָז הִפְקִיד אֹתוֹ בְּבֵיתוֹ וְעַל כָּל־אֲשֶׁר יֶשׁ־לוֹ וַיְבָרֶךְ יְהוָה אֶת־
בֵּית הַמִּצְרִי בִּגְלַל יוֹסֵף וַיְהִי בִּרְכַּת יְהוָה בְּכָל־אֲשֶׁר יֶשׁ־לוֹ בַּבַּיִת
וּבַשָּׂדֶה׃ 6 וַיַּעֲזֹב כָּל־אֲשֶׁר־לוֹ בְּיַד־יוֹסֵף וְלֹא־יָדַע אִתּוֹ מְאוּמָה כִּי
אִם־הַלֶּחֶם אֲשֶׁר־הוּא אוֹכֵל וַיְהִי יוֹסֵף יְפֵה־תֹאַר וִיפֵה
מַרְאֶה׃ 7 וַיְהִי אַחַר הַדְּבָרִים הָאֵלֶּה וַתִּשָּׂא אֵשֶׁת־אֲדֹנָיו אֶת־עֵינֶיהָ
אֶל־יוֹסֵף וַתֹּאמֶר שִׁכְבָה עִמִּי׃ 8 וַיְמָאֵן ׀ וַיֹּאמֶר אֶל־אֵשֶׁת אֲדֹנָיו הֵן
אֲדֹנִי לֹא־יָדַע אִתִּי מַה־[a]בַּבָּיִת[b] וְכֹל אֲשֶׁר־יֶשׁ־לוֹ נָתַן בְּיָדִי׃ 9 אֵינֶנּוּ
גָדוֹל בַּבַּיִת הַזֶּה מִמֶּנִּי וְלֹא־חָשַׂךְ מִמֶּנִּי מְאוּמָה כִּי אִם־אוֹתָךְ בַּאֲשֶׁר
אַתְּ־אִשְׁתּוֹ וְאֵיךְ אֶעֱשֶׂה הָרָעָה הַגְּדֹלָה הַזֹּאת וְחָטָאתִי לֵאלֹהִים׃
10 וַיְהִי כְּדַבְּרָהּ אֶל־יוֹסֵף יוֹם ׀ יוֹם וְלֹא־שָׁמַע אֵלֶיהָ לִשְׁכַּב אֶצְלָהּ
לִהְיוֹת עִמָּהּ[a]׃ 11 וַיְהִי כְּהַיּוֹם הַזֶּה וַיָּבֹא הַבַּיְתָה לַעֲשׂוֹת מְלַאכְתּוֹ
וְאֵין אִישׁ מֵאַנְשֵׁי הַבַּיִת שָׁם בַּבָּיִת׃ 12 וַתִּתְפְּשֵׂהוּ בְּבִגְדוֹ לֵאמֹר שִׁכְבָה
עִמִּי וַיַּעֲזֹב בִּגְדוֹ בְּיָדָהּ וַיָּנָס וַיֵּצֵא[a] הַחוּצָה׃

VOCABULARY

he was brought down	הוּרַד (יָרַד)	they brought him down	הוֹרִדֻהוּ (יָרַד)
and he bought him	וַיִּקְנֵהוּ (קָנָה)	prosperous, causing	מַצְלִיחַ
Egyptian	מִצְרִי		

appearance	מַרְאֶה (רָאָה)
lie down!	שִׁכְבָה (שָׁכַב)
he withheld, spared	חָשַׂךְ
and I will sin	וְחָטָאתִי (חָטָא)
with her	אֶצְלָהּ
work	מְלָאכָה
and she caught him	וַתִּתְפְּשֵׂהוּ (תָּפַשׂ)
and he fled	וַיָּנָס (נוּס)
outside	הַחוּצָה
to prosper	(צָלַח)
master, lord	אָדוֹן
and he served	וַיְשָׁרֶת (שָׁרַת)
and he appointed him	וַיַּפְקִדֵהוּ (פָּקַד)
because of	בִּגְלַל
blessing	בְּרָכָה (בְּרָכוֹת)
and he left	וַיַּעֲזֹב (עָזַב)
beautiful	יָפֶה
form	תֹּאַר

EXPLANATORY NOTES

V. 1 הוּרַד *he was taken down*, Hophal perfect of יָרַד. Other פ״י verbs of this class:

יָשַׁב	sit, dwell	יָצָא	go out
יָדַע	know	יָלַד	bear children

סָרִיס *an officer*; in other places, *a eunuch*. Potiphar has a wife, thus he cannot be a eunuch.

הוֹרִדֻהוּ *they had taken him down*, Hiphil perfect of יָרַד with 3d m. s. suffix. Contrast the active sense of the Hiphil to the passive sense of the Hophal in הוּרַד.

שָׁמָּה *there, to there*: שָׁם with ה locale. This is the same as לְשָׁם.

V. 2 אֶת־יוֹסֵף *with Joseph.*

וַיְהִי אִישׁ מַצְלִיחַ *and he became a successful man.* מַצְלִיחַ is Hiphil participle of צָלַח *to prosper*, *succeed.*

אֲדֹנָיו *his master.* אֲדֹנָיו refers to one person, but is a plural form used to show respect (s. אָדוֹן).

V. 3 ה׳ מַצְלִיחַ בְּיָדוֹ *The Lord made . . . prosperous through his hand.* Again a Hiphil participle, only this time as a transitive verb. The object is *everything which he did.*

V. 4 וַיִּמְצָא חֵן בְּעֵינָיו literally *and he found favor in his eyes* (i.e., he secured his good will). This is a common idiom. Its separate components are easily recognized: מָצָא *to find*; חֵן *grace, favor*; בְּעֵינֵי *in the eyes of* (עַיִן *eye*).

וַיְשָׁרֶת — *and he served*, Piel imperfect of שָׁרַת; followed by direct object.

וַיַּפְקִדֵהוּ — *and he appointed him*, Hiphil imperfect of פָּקַד *to visit, oversee*, with Waw consecutive and 3d m. s. suffix.

וְכָל־יֶשׁ־לוֹ — *and all that he owned*, literally *and all there is to him*; the same as כָּל־אֲשֶׁר יֶשׁ־לוֹ *all which there is to him* (Gen. 39:5).

V. 5 מֵאָז הִפְקִיד — *from the time that he appointed*. מֵאָז is made up of the two elements מִן *from* and אָז *then*. הִפְקִיד is Hiphil perfect of פָּקַד.

בִּגְלַל יוֹסֵף — *on account of Joseph*. With the meaning *because of, on account of*, גָּלָל never stands independent of the preposition –בְּ. It is always in the construct בִּגְלַל and is always followed by a noun or pronominal suffix, e.g.:

בִּגְלָלוֹ because of him
בִּגְלָלִי because of me
בִּגְלַל הַבְּרָכָה because of the blessing

בִּרְכַּת — *the blessing of*, construct of בְּרָכָה *blessing* (pl. בְּרָכוֹת).

V. 6 וַיַּעֲזֹב — *and he left*, Qal imperfect of עָזַב, with Waw consecutive.

וְלֹא־יָדַע אִתּוֹ מְאוּמָה — *and he did not concern himself with anything*, literally *he did not know anything, with him*.

כִּי אִם — *except, but*. כִּי *that, because*, and אִם *if*.

יְפֵה־תֹאַר וִיפֵה־מַרְאֶה — *handsome in form and appearance*. יְפֵה is construct of יָפֶה *beautiful*. מַרְאֶה *sight, appearance*, is from רָאָה *to see*.

V. 7 וַתִּשָּׂא אֶת־עֵינֶיהָ אֶל־ — *and she looked* [*with desire*] *at*, literally *and she lifted up her eyes to*, but this idiom implies looking with desire.

אֵשֶׁת — *wife of*, construct of אִשָּׁה *woman, wife*.

שִׁכְבָה עִמִּי — *lie with me!* שִׁכְבָה is the longer form of the Qal imperative of שָׁכַב *to lie down*. This is the cohortative form.

V. 9 אֵינֶנּוּ גָדוֹל מִמֶּנִּי — *he is not*, or, *there is no one*, *greater than I*. אֵינֶנּוּ is a combination of אַיִן *there is not* and a 3d m. s. suffix. See

V. 1, Lesson 5, for the comparative use of מִן *from* (מִמֶּנִּי).

חָשַׂךְ מִן־ *he withheld from*. Do not confuse this verb with חָשַׁךְ *it became dark*.

בַּאֲשֶׁר *because, in that*.

וְחָטָאתִי לֵאלֹהִים *and I will sin against God*. חָטָאתִי is Qal perfect of חָטָא, with Waw consecutive. It is usually followed by –לְ or –אֶל and means *sin against*.

V. 10 כְּדַבְּרָהּ *as she spoke*, literally *as her speaking*, Piel infinitive of דָּבַר with the preposition כְּ *as* and 3d f. s. suffix ה *her*. This construction is very common and should be translated *when*, or, *as*, *she spoke*.

כְּבוֹאוֹ	when he came,	*from*	בּוֹא	to come
כְּשָׁמְעִי	when I heard,	*from*	שָׁמַע	to hear

יוֹם יוֹם *day by day*, *daily*. Note there is neither conjunction nor preposition between the two words. This is like שְׁנַיִם שְׁנַיִם *two by two*, *in pairs* (Gen. 7:9).

אֶצְלָהּ אֵצֶל is a preposition which means *beside*, *in proximity to*. With suffixes:

אֶצְלִי אֶצְלְךָ אֶצְלֵךְ אֶצְלוֹ אֶצְלָהּ
אֶצְלֵנוּ אֶצְלְכֶם אֶצְלְכֶן אֶצְלָם אֶצְלָן

לִהְיוֹת *to be*, Qal Infinitive construct, with –לְ, of הָיָה *to be.* The Infinitive construct of ל״ה verbs always ends in –וֹת: לִרְאוֹת from רָאָה *to see*, לַעֲשׂוֹת from עָשָׂה *to do.*

V. 11 כְּהַיּוֹם הַזֶּה *this day*, but in the narrative it indicates an unidentified day, and is better translated *one day*.

אַנְשֵׁי *men of*, construct of אֲנָשִׁים *men* (s. אִישׁ *man*).

V. 12 וַתִּתְפְּשֵׂהוּ *and she caught him*, Qal imperfect of תָּפַשׂ, with Waw consecutive and 3d. m. s. suffix.

בְּבִגְדוֹ *by his garment*. Here the preposition בְּ means *by.*

וַיָּנָס *and he fled*, Qal imperfect of נוּס, with Waw consecutive.

Note:

1. The accent shifts back one syllable: יָנֹס, but וַיָּ֫נָס.
2. The second qamats is a qamats qaṭan, like וַיָּ֫קָם (pronounced vay-yā-kom) *and he arose* (see V. 12, Lesson 20).

הַחוּצָה   *to the outside.* חוּץ *outside,* plus ה locale, the same as אֶל־הַחוּץ.

STUDY HINTS

1. You should know most of the Vocabulary in this passage already. If not, review your Vocabulary and Word Lists.
2. Memorize the idioms and common phrases in the Explanatory Notes. You will see these often as you read more of the Hebrew Bible.
3. The Explanatory Notes on Verses 5, 10, and 12 are important. Although you may be familiar with some of this information, be sure you understand all the notes before continuing.
4. Master Word List 15 completely. This list contains a basic vocabulary, a good portion of which you have already encountered.
5. Do orally Exercises A and F.
6. Lesson 18 is a test on Lessons 13–17. Review the Vocabulary thoroughly and reread the texts for total comprehension. If you have any questions, ask your instructor to help you.
7. Write out the answers to Exercises B, C, D, and E.

EXERCISES

A. Rapidly read Genesis 39:1–3.

B. Write an explanatory note for each of the following:

4. יוֹם יוֹם	1. אֲדוֹנָיו
5. כְּדַבְּרָהּ	2. וַיִּמְצָא חֵן בְּעֵינֵי
6. בִּגְלַל	3. אֵינֶנּוּ גָדוֹל מִמֶּנִּי

C. Give the plural:

3. שָׂדֶה	1. יָד
4. בֶּגֶד	2. בְּרָכָה

5. אִישׁ
6. בַּיִת
7. עַיִן
8. דָּבָר
9. יוֹם
10. אִשָּׁה

D. Give the root, verb pattern, and meaning of each word:

1. וַיִּקְנֵהוּ
2. הוֹרִדֻהוּ
3. מַצְלִיחַ
4. וַיַּרְא
5. וַיְשָׁרֶת
6. וַיַּפְקִדֵהוּ
7. שִׁכְבָה
8. וְחָטָאתִי
9. וַיְמָאֵן
10. אֶעֱשֶׂה
11. וַיָּבֹא
12. וַתִּתְפְּשֵׂהוּ
13. וַיָּנָס
14. וַיֵּצֵא

E. Translate into Hebrew:

1. And the Lord was with Joseph.
2. He was a prosperous man.
3. Joseph found favor in his sight.
4. The Lord blessed the Egyptian's house for Joseph's sake.
5. Joseph was of beautiful form and fair appearance.
6. You (f. s.) are his wife.
7. She spoke to Joseph daily.
8. He went into his house to do his work.
9. He left his garment in her hand.
10. How can I sin against God?

F. Translate carefully all the verbs in Genesis 39:1–7. Check your translation with an English Bible.

WORD LIST 15

Words occurring in the Bible from 100 to 500 times

three (m.)	שְׁלֹשָׁה	to sojourn	גּוּר
heavens, sky	שָׁמַיִם	to kill	הָרַג
gate	שַׁעַר	to go into exile	גָּלָה
stone	אֶבֶן	to seek	דָּרַשׁ
earth, soil	אֲדָמָה	to praise	הִלֵּל

Lesson Eighteen
Review and Test

STUDY HINTS

1. This lesson is a general review of Lessons 13–17. Reread the texts of the last five lessons and study the Explanatory Notes. Be sure you are able to translate most of the text.
2. Go over the assignments for these lessons and note the corrections in your written work.
3. Do not consult your notes while taking the test. After completing the test, use this textbook to determine the correct answers. Do not spend more than one hour on this test.

TEST 3

A. Translate into English:

1. וַיִּפְגַּע בַּמָּקוֹם וַיָּלֶן שָׁם כִּי־בָא הַשֶּׁמֶשׁ וַיִּקַּח מֵאַבְנֵי הַמָּקוֹם וַיָּשֶׂם מְרַאֲשֹׁתָיו וַיִּשְׁכַּב בַּמָּקוֹם הַהוּא.
2. וְהָיָה זַרְעֲךָ כַּעֲפַר הָאָרֶץ וּפָרַצְתָּ יָמָּה וָקֵדְמָה וְצָפוֹנָה וָנֶגְבָּה וְנִבְרְכוּ בְךָ כָּל־מִשְׁפְּחֹת הָאֲדָמָה.
3. וְיִשְׂרָאֵל אָהַב אֶת־יוֹסֵף מִכָּל־בָּנָיו כִּי־בֶן־זְקֻנִים הוּא לוֹ וְעָשָׂה לוֹ כְּתֹנֶת פַּסִּים.
4. וַיֹּאמְרוּ לוֹ אֶחָיו הֲמָלֹךְ תִּמְלֹךְ עָלֵינוּ אִם־מָשׁוֹל תִּמְשֹׁל בָּנוּ וַיּוֹסִפוּ עוֹד שְׂנֹא אֹתוֹ.
5. וַיִּרְאוּ אֹתוֹ מֵרָחוֹק וּבְטֶרֶם יִקְרַב אֲלֵיהֶם וַיִּתְנַכְּלוּ אֹתוֹ לַהֲמִיתוֹ.
6. וְעַתָּה לְכוּ וְנַהַרְגֵהוּ וְנַשְׁלִכֵהוּ בְּאַחַד הַבּוֹרוֹת וְאָמַרְנוּ חַיָּה רָעָה אֲכָלָתְהוּ.
7. וַיָּשָׁב אֶל־אֶחָיו וַיֹּאמַר הַיֶּלֶד אֵינֶנּוּ וַאֲנִי אָנָה אֲנִי־בָא.
8. וַיִּקְרַע יַעֲקֹב שִׂמְלֹתָיו וַיָּשֶׂם שַׂק בְּמָתְנָיו וַיִּתְאַבֵּל עַל־בְּנוֹ יָמִים רַבִּים.

9. וַיַּרְא אֲדֹנָיו כִּי ה׳ אִתּוֹ וְכֹל אֲשֶׁר־הוּא עֹשֶׂה ה׳ מַצְלִיחַ בְּיָדוֹ.

10. וַיְמָאֵן וַיֹּאמֶר אֶל־אֵשֶׁת אֲדֹנָיו הֵן אֲדֹנִי לֹא־יָדַע אִתִּי מַה־בַּבָּיִת וְכֹל אֲשֶׁר־יֶשׁ־לוֹ נָתַן בְּיָדִי.

B. Translate each verb and give its root:

1. וַהֲשִׁיבֹתִיךָ
2. וַיִּיקַץ
3. לִלְבֹּשׁ
4. יָכְלוּ
5. וַיְסַפֵּר
6. וַיְקַנְאוּ
7. תְּבַקֵּשׁ
8. וַיַּצִּלֵהוּ
9. תִּשְׁפְּכוּ
10. וַיֵּשְׁבוּ
11. לְהוֹרִיד
12. וְכִסִּינוּ
13. וַיְשָׁרֶת
14. חָטָאתִי
15. וַיָּנָס

C. Give the plural:

1. אֶבֶן
2. מִשְׁפָּחָה
3. פַּס
4. כּוֹכָב
5. בּוֹר
6. נֶפֶשׁ
7. אֹרְחָה
8. גָּמָל
9. עֵז
10. שִׂמְלָה

D. Translate into Hebrew:

1. And Jacob said, "The Lord is in this place, and I did not know."
2. And Joseph dreamed another dream, and he told it to his brothers.
3. And they cast him into the pit, and the pit was empty.
4. The Midianites (הַמְּדָנִים) sold him to Egypt, to the captain of the guard.

E. Translate into Hebrew:

1. oil
2. flock
3. blood
4. empty
5. flesh
6. master
7. beautiful
8. blessing
9. three
10. field

F. Translate into English:

1. כְּלִי
2. מִלְחָמָה
3. מִשְׁפָּט
4. עֹשֶׁר
5. גּוּר
6. פָּקַד
7. מִזְבֵּחַ
8. שַׁעַר
9. אָבַד
10. נָבִיא
11. בָּטַח
12. גָּאַל
13. פֶּה
14. דָּרַשׁ
15. עֵת

Lesson Nineteen
Genesis 39:13–23

13 וַיְהִי֙ כִּרְאוֹתָ֔הּ כִּֽי־עָזַ֥ב
בִּגְד֖וֹ בְּיָדָ֑הּ וַיָּ֖נָס[a] הַחֽוּצָה׃ 14 וַתִּקְרָ֞א לְאַנְשֵׁ֣י בֵיתָ֗הּ וַתֹּ֤אמֶר לָהֶם֙
לֵאמֹ֔ר רְא֗וּ הֵ֥בִיא לָ֛נוּ אִ֥ישׁ עִבְרִ֖י לְצַ֣חֶק בָּ֑נוּ בָּ֤א אֵלַי֙ לִשְׁכַּ֣ב עִמִּ֔י
וָאֶקְרָ֖א בְּק֥וֹל גָּדֽוֹל׃ 15 וַיְהִ֣י כְשָׁמְע֔וֹ כִּֽי־הֲרִימֹ֥תִי קוֹלִ֖י וָאֶקְרָ֑א וַיַּעֲזֹ֤ב
בִּגְדוֹ֙ אֶצְלִ֔י[a] וַיָּ֖נָס וַיֵּצֵ֥א[b] הַחֽוּצָה׃ 16 וַתַּנַּ֥ח בִּגְד֖וֹ אֶצְלָ֑הּ עַד־בּ֥וֹא אֲדֹנָ֖יו
אֶל־בֵּיתֽוֹ׃ 17 וַתְּדַבֵּ֣ר אֵלָ֔יו כַּדְּבָרִ֥ים הָאֵ֖לֶּה לֵאמֹ֑ר בָּֽא־אֵלַ֞י הָעֶ֧בֶד
הָֽעִבְרִ֛י אֲשֶׁר־הֵבֵ֥אתָ לָּ֖נוּ לְצַ֥חֶק בִּֽי׃ 18 וַיְהִ֕י כַּהֲרִימִ֥י קוֹלִ֖י וָאֶקְרָ֑א
וַיַּעֲזֹ֥ב בִּגְד֛וֹ אֶצְלִ֖י וַיָּ֥נָס[a] הַחֽוּצָה׃ 19 וַיְהִי֩ כִשְׁמֹ֨עַ אֲדֹנָ֜יו אֶת־דִּבְרֵ֣י
אִשְׁתּ֗וֹ אֲשֶׁ֨ר דִּבְּרָ֤ה אֵלָיו֙ לֵאמֹ֔ר כַּדְּבָרִ֣ים הָאֵ֔לֶּה עָ֥שָׂה[a] לִ֖י עַבְדֶּ֑ךָ
וַיִּ֖חַר אַפּֽוֹ׃ 20 וַיִּקַּח֩ אֲדֹנֵ֨י יוֹסֵ֜ף אֹת֗וֹ וַֽיִּתְּנֵ֙הוּ֙ אֶל־בֵּ֣ית הַסֹּ֔הַר מְק֕וֹם
אֲשֶׁר־אֲסִירֵ֥י הַמֶּ֖לֶךְ אֲסוּרִ֑ים וַֽיְהִי־שָׁ֖ם בְּבֵ֥ית הַסֹּֽהַר׃ 21 וַיְהִ֤י יְהוָה֙
אֶת־יוֹסֵ֔ף וַיֵּ֥ט אֵלָ֖יו חָ֑סֶד וַיִּתֵּ֣ן חִנּ֔וֹ בְּעֵינֵ֖י שַׂ֥ר בֵּית־הַסֹּֽהַר׃ 22 וַיִּתֵּ֞ן שַׂ֣ר
בֵּית־הַסֹּ֗הַר בְּיַד־יוֹסֵ֔ף אֵ֚ת כָּל־הָ֣אֲסִירִ֔ם[a] אֲשֶׁ֖ר בְּבֵ֣ית הַסֹּ֑הַר וְאֵ֨ת
כָּל־אֲשֶׁ֤ר עֹשִׂים֙ שָׁ֔ם ה֖וּא הָיָ֥ה עֹשֶֽׂה׃ 23 אֵ֣ין׀ שַׂ֣ר בֵּית־הַסֹּ֗הַר רֹאֶ֤ה
אֶֽת־כָּל־מְא֙וּמָה֙ בְּיָד֔וֹ בַּאֲשֶׁ֥ר יְהוָ֖ה אִתּ֑וֹ וַאֲשֶׁר־ה֥וּא עֹשֶׂ֖ה יְהוָ֥ה
מַצְלִֽיחַ׃ ס

VOCABULARY

I raised	הֲרִימֹתִי (רוּם)	and she called	וַתִּקְרָא (קָרָא)
and she placed, kept	וַתַּנַּח (נוּחַ)	see!	רְאוּ (רָאָה)
servant	עֶבֶד (עֲבָדִים)	he brought	הֵבִיא (בּוֹא)
she spoke	דִּבְּרָה (דָּבַר)	Hebrew	עִבְרִי
and his wrath was	וַיִּחַר אַפּוֹ	to mock	לְצַחֶק (צָחַק)

bound, shut up	אָסוּר (אֲסוּרִים)	kindled	(חָרָה)
and he extended	וַיֵּט (נָטָה)	and he gave him,	וַיִּתְּנֵהוּ
kindness	חֶסֶד (חֲסָדִים)	placed him	(נָתַן)
prisoners	אֲסִירִים	prison	בֵּית סֹהַר

EXPLANATORY NOTES

V. 13   כִּרְאוֹתָהּ   *when she saw* (see V. 10, Lesson 17, כְּדַבְּרָה). רְאוֹת is Qal Infinitive construct of רָאָה *to see*.

V. 14   וַתִּקְרָא   *she called*, Qal imperfect of קָרָא. Genesis 39:14 is a continuation of the sentence begun in V. 13: *When she saw that he had left . . . she called out. . . .*

       רְאוּ   *see!* Qal imperative m. pl. of רָאָה.

       הֵבִיא   *he brought*, Hiphil perfect of בּוֹא *to come*; other Hiphil perfects of this class are

הֵרִים	he raised,	*from*	רוּם to be high
הֵקִים	he set up,	*from*	קוּם to stand up
הֵמִית	he killed,	*from*	מוּת to die

       לְצַחֶק   *to mock*, Piel Infinitive construct. Here, in Piel, it means *to laugh repeatedly*, *to jest*. צָחַק in Qal means *to laugh*. The name יִצְחָק *Isaac* means "he laughs" (see Appendix 1 on Piel).

V. 15   כְּשָׁמְעוֹ   *when he heard*. See V. 13. שָׁמְעוֹ is a Qal Infinitive construct שְׁמֹעַ (from שָׁמַע *to hear*) plus 3d m. s. suffix.

       הֲרִימֹתִי   *I raised*, Hiphil perfect of רוּם *to be high*. This strange Hiphil form is typical of ע״ו verbs: שׁוּב *to return*, הֵשִׁיב *he brought back*.

הֲשִׁיבֹנוּ	הֲשִׁיבֹתִי
הֲשִׁיבֹתֶם	הֲשִׁיבֹתָ
הֲשִׁיבֹתֶן	הֲשִׁיבֹת
הֵשִׁיבוּ	הֵשִׁיב
	הֵשִׁיבָה

V. 16   וַתַּנַּח   *and she placed, let remain,* Hiphil imperfect of נוּחַ *to rest,* with Waw consecutive.

עַד־בּוֹא אֲדֹנָיו   *until his master came,* literally *until the coming of his master.* בּוֹא *to come* is an Infinitive construct. אֲדֹנָיו *his master* is a plural form with a singular meaning.

V. 17   הֵבֵאתָ   *you brought,* Hiphil perfect of בּוֹא.

V. 18   כַּהֲרִימִי   *when I raised;* הֲרִימִי is the Hiphil Infinitive construct of רוּם, הָרִים, plus 1st s. suffix.

V. 19   דִּבְּרָה   *she spoke,* Piel perfect of דִּבֶּר.

וַיִּחַר אַפּוֹ   Literally *his nose became hot,* but אַף in this common idiom has come to mean simply *anger,* and the phrase should be translated *his anger was kindled* or *he became angry.* וַיִּחַר is Qal imperfect of חָרָה, with Waw consecutive.

V. 20   וַיִּתְּנֵהוּ   *and he gave him,* Qal imperfect of נָתַן with 3d m. s. suffix.

אסורי   These are the consonants which appear in the text. אסורי is "that which is written"—the *Ktiv* (כְּתִיב, from כָּתַב *to write*). No change could be made in the consonantal text (see *Biblical Hebrew,* vol. 1, p. 31, n. 8). However, the vowel points included with the word are "that which is to be read"—the *Qre* (קְרִי, from קָרָא *to read*). They show the traditional pronunciation of the word; in this case אֲסוּרֵי, that is, אֲסִירֵי *prisoners of.* אֲסִירֵי is construct of אֲסִירִים *prisoners.*

אֲסוּרִים   *are shut up,* Qal passive participle (m. pl.) of אָסַר *to bind* (s. אָסוּר *bound, shut up*).

V. 21   וַיֵּט   *and he stretched out,* Qal imperfect of נָטָה. Only one root letter remains in this form with the Waw consecutive. Another verb like this is וַיַּךְ *and he smote,* from נָכָה.

וַיִּתֵּן חִנּוֹ בְּעֵינֵי   *and he gave him favor in the eyes of.* This is a slight variation of the idiom in Genesis 39:4, מָצָא חֵן *he found favor* (see V. 4, Lesson 17).

V. 22   כָּל־אֲשֶׁר עֹשִׂים   *everything which was done there.* עֹשִׂים is Qal participle
              שָׁם   (pl.) of עָשָׂה *to do, make.* No subject is specified. Here,
                       and in general when no subject is named for a mascu-
                       line plural participle, the best translation into English is
                       with a passive.

STUDY HINTS

1. This lesson is the continuation of the text in Lesson 17, Genesis 39:1–12. Read over the first twelve verses to refresh your memory of the beginning of this famous biblical story.

2. In this passage is an example of *Ktiv* and *Qre* (see V. 20). You can read more about this interesting phenomenon in Weingreen, *Practical Grammar*, pp. 22–23.

3. There are a number of cases in the text of an Infinitive construct with the preposition –כְּ. This construction, corresponding to the English subordinate clause, e.g., *when he heard* כְּשָׁמְעוֹ (Gen. 39:15), is very common, and the examples in this chapter should be studied carefully. Weingreen, *Practical Grammar*, p. 257, shows how pronominal suffixes are attached to the Qal Infinitive construct. Learn to recognize the infinitive with suffixes.

4. The text contains some complex sentences. Read it over several times using the Explanatory Notes and Vocabulary, and write down your own translation. Then compare your translation with a published English translation. Go back over the text to find out where you differ and why. (Just because you differ does not mean you are wrong.)

5. Translation into Hebrew (Exercises D, E, and F) is an excellent way to learn vocabulary and proper word order. When you have completed Exercise E, check it with Gen. 37:16–20, on which it is based.

6. Do Exercise A and Word List 16 orally. Do not forget to memorize the Word List.

7. Write out the answers to Exercises B, C, D, E, F, and H.

EXERCISES

A. Rapidly read Genesis 39:13–15.

B. Give the root, verb pattern, and meaning:

1. וַתִּקְרָא	6. וַיִּתְּנֵהוּ
2. רְאוּ	7. וַיֵּט
3. הֲרִימֹתִי	8. מַצְלִיחַ
4. וַתַּנַּח	9. וַיִּתֵּן
5. דִּבְּרָה	10. הֵבִיא

C. Give the plural:

1. קוֹל	5. חֶסֶד	9. מָקוֹם
2. עֶבֶד	6. בֶּגֶד	10. מֶלֶךְ
3. בֵּית סֹהַר	7. יָד	11. שַׂר
4. אָסוּר	8. דָּבָר	12. עֹשֶׂה

D. Translate into Hebrew:

1. and she spoke
2. and he mocked us
3. and it came to pass
4. and he took him
5. he came in
6. and he lifted
7. and she cried
8. and he fled
9. and he heard
10. and he made it prosper

E. Translate into Hebrew:

She saw that he had left his garment in her hand and had fled outside. And she called to the men of her house, saying, "He has brought in a Hebrew to us to mock us. He came to lie with me and I cried in a loud voice." And Joseph's master took him and put him in prison. But the Lord was with Joseph and Joseph found favor in his sight, and that which he did the Lord made prosper.

F. Translate into Hebrew:

1. his hand
2. his garment
3. her garment
4. outside
5. her house
6. their houses
7. my voice
8. their voice
9. his voice
10. your servant
11. he found favor in his eyes
12. their place

G. Translate into English Genesis 39:13, 14, 15.

H. Summarize Genesis 39 in Hebrew in not more than one page. You may consult the biblical text but try to use your own words and phrases. This should indicate to you how much progress you have made.

WORD LIST 16

Words occurring in the Bible from 100 to 300 times

ram	אַיִל	to sacrifice	זָבַח
God	אֵל	to profane	חִלֵּל
cubit	אַמָּה	to camp	חָנָה
nose, anger	אַף	to think, reckon	חָשַׁב
ark, chest	אָרוֹן	to be impure	טָמֵא

Piece of Assyrian brick from the second millennium B.C.

Lesson Twenty
Genesis 41:1–14

41 1 וַיְהִי מִקֵּץ שְׁנָתַיִם יָמִים וּפַרְעֹה חֹלֵם וְהִנֵּה עֹמֵד עַל־
הַיְאֹר׃ 2 וְהִנֵּה מִן־הַיְאֹר עֹלֹת שֶׁבַע פָּרוֹת יְפוֹת מַרְאֶה וּבְרִיאֹת בָּשָׂר
וַתִּרְעֶינָה בָּאָחוּ׃ 3 וְהִנֵּה שֶׁבַע פָּרוֹת אֲחֵרוֹת עֹלוֹת אַחֲרֵיהֶן מִן־
הַיְאֹר רָעוֹת מַרְאֶה וְדַקּוֹת[a] בָּשָׂר וַתַּעֲמֹדְנָה אֵצֶל הַפָּרוֹת עַל־שְׂפַת
הַיְאֹר׃ 4 וַתֹּאכַלְנָה הַפָּרוֹת רָעוֹת הַמַּרְאֶה וְדַקֹּת[a] הַבָּשָׂר אֵת שֶׁבַע
הַפָּרוֹת יְפֹת הַמַּרְאֶה וְהַבְּרִיאֹת וַיִּיקַץ פַּרְעֹה׃ 5 וַיִּישָׁן וַיַּחֲלֹם שֵׁנִית
וְהִנֵּה׀ שֶׁבַע שִׁבֳּלִים עֹלוֹת בְּקָנֶה אֶחָד בְּרִיאוֹת וְטֹבוֹת׃ 6 וְהִנֵּה שֶׁבַע
שִׁבֳּלִים דַּקּוֹת וּשְׁדוּפֹת קָדִים צֹמְחוֹת אַחֲרֵיהֶן׃ 7 וַתִּבְלַעְנָה הַשִּׁבֳּלִים
הַדַּקּוֹת אֵת שֶׁבַע הַשִּׁבֳּלִים הַבְּרִיאוֹת וְהַמְּלֵאוֹת וַיִּיקַץ פַּרְעֹה וְהִנֵּה
חֲלוֹם׃ 8 וַיְהִי בַבֹּקֶר וַתִּפָּעֶם רוּחוֹ וַיִּשְׁלַח וַיִּקְרָא אֶת־כָּל־חַרְטֻמֵּי
מִצְרַיִם וְאֶת־כָּל־חֲכָמֶיהָ וַיְסַפֵּר פַּרְעֹה לָהֶם אֶת־חֲלֹמוֹ[a] וְאֵין־פּוֹתֵר
אוֹתָם[b] לְפַרְעֹה׃ 9 וַיְדַבֵּר שַׂר הַמַּשְׁקִים אֶת־[a]פַּרְעֹה לֵאמֹר אֶת־
חֲטָאַי אֲנִי מַזְכִּיר הַיּוֹם׃ 10 פַּרְעֹה קָצַף עַל־עֲבָדָיו וַיִּתֵּן אֹתִי[a] בְּמִשְׁמַר
בֵּית שַׂר הַטַּבָּחִים אֹתִי וְאֵת שַׂר הָאֹפִים׃ 11 וַנַּחַלְמָה חֲלוֹם בְּלַיְלָה
אֶחָד אֲנִי וָהוּא אִישׁ כְּפִתְרוֹן חֲלֹמוֹ חָלָמְנוּ׃ 12 וְשָׁם אִתָּנוּ נַעַר עִבְרִי
עֶבֶד לְשַׂר הַטַּבָּחִים וַנְּסַפֶּר־לוֹ וַיִּפְתָּר־לָנוּ אֶת־חֲלֹמֹתֵינוּ אִישׁ כַּחֲלֹמוֹ
פָּתָר׃ 13 וַיְהִי כַּאֲשֶׁר פָּתַר־לָנוּ כֵּן הָיָה אֹתִי הֵשִׁיב[a] עַל־כַּנִּי וְאֹתוֹ
תָלָה׃ 14 וַיִּשְׁלַח פַּרְעֹה וַיִּקְרָא אֶת־יוֹסֵף וַיְרִיצֻהוּ מִן־הַבּוֹר וַיְגַלַּח
וַיְחַלֵּף שִׂמְלֹתָיו וַיָּבֹא אֶל־פַּרְעֹה׃

VOCABULARY

was standing	עֹמֵד (עָמַד)	at the end of	מִקֵּץ
Nile River, river	הַיְאֹר (יְאֹרִים)	was dreaming	חֹלֵם (חָלַם)

and it was troubled	וַתִּפָּעֶם (פָּעַם)
spirit	רוּחַ (רוּחוֹת)
magician	חַרְטֹם (חַרְטֻמִּים)
wise man	חָכָם (חֲכָמִים)
to interpret	פּוֹתֵר (פָּתַר)
chief butler	שַׂר הַמַּשְׁקִים
sin	חֵטְא (חֲטָאִים)
to mention	מַזְכִּיר (זָכַר)
he was angry	קָצַף
jail, ward	מִשְׁמָר
chief baker	שַׂר הָאֹפִים
and we dreamed	וַנַּחַלְמָה (חָלַם)
solution, interpretation	פִּתְרוֹן (פִּתְרוֹנִים)
a youth	נַעַר
he restored, returned	הֵשִׁיב (שׁוּב)
office	כֵּן
he hanged	תָּלָה
and he was brought quickly	וַיְרִיצֻהוּ (רוּץ)
and he shaved	וַיְגַלַּח (גָּלַח)
and he changed	וַיְחַלֵּף (חָלַף)

are rising	עֹלֹת (עָלָה)
cow	פָּרָה (פָּרוֹת)
healthy	בָּרִיא
and they were feeding	וַתִּרְעֶינָה (רָעָה)
reed grass, meadow	אָחוּ
other, another	אַחֵר
thin	דַּק (דָּקַק)
and they stood	וַתַּעֲמֹדְנָה (עָמַד)
shore	שָׂפָה
and he awoke	וַיִּיקַץ (יָקַץ)
and he slept	וַיִּישָׁן (יָשַׁן)
and he dreamed	וַיַּחֲלֹם (חָלַם)
again, a second time	שֵׁנִית
ear of corn	שִׁבֹּלֶת (שִׁבֳּלִים)
stalk	קָנֶה (קָנִים)
scorched, blasted	שָׁדוּף (שָׁדַף)
east wind	קָדִים
were springing up	צֹמְחוֹת (צָמַח)
and they swallowed	וַתִּבְלַעְנָה (בָּלַע)
full	וְהַמְּלֵאוֹת (מָלֵא)
dream	חֲלוֹם (חֲלוֹמוֹת)

EXPLANATORY NOTES

V. 1 מִקֵּץ שְׁנָתַיִם יָמִים *at the end of*; מִן *from* and קֵץ *end*. Literally *two years of days* or *two years of time*. שְׁנָתַיִם is the dual form of שָׁנָה *year*.

Other duals of time:

יוֹמַיִם	two days,	*from*	יוֹם
שְׁבוּעַיִם	two weeks,	*from*	שָׁבוּעַ
חָדְשַׁיִם	two months,	*from*	חֹדֶשׁ

הַיְאֹר usually means the Nile River, especially when it has the definite article. It can also mean *stream*, *river*.

V. 2 עֹלֹת for עוֹלוֹת *rising*, Qal participle (f. pl.) of עָלָה.

יְפוֹת מַרְאֶה וּבְרִיאוֹת בָּשָׂר *good-looking and healthy of flesh*. Both descriptions of the cows are in construct form. יְפוֹת is construct of יָפוֹת, f. pl. of יָפֶה *beautiful*. בְּרִיאוֹת is also construct and means *healthy of*, from בָּרִיא *healthy*.

וַתִּרְעֶינָה *and they fed*, Qal imperfect (3d f. pl.) of רָעָה *to feed* (said of animals), with Waw consecutive.

V. 3 אַחֲרֵיהֶן *after them*. The preposition אַחֲרֵי takes plural pronoun endings:

אַחֲרֵינוּ	אַחֲרַי
אַחֲרֵיכֶם	אַחֲרֶיךָ
אַחֲרֵיכֶן	אַחֲרַיִךְ
אַחֲרֵיהֶם	אַחֲרָיו
אַחֲרֵיהֶן	אַחֲרֶיהָ

רָעוֹת מַרְאֶה וְדַקּוֹת בָּשָׂר corresponding to the good cows are those *bad-looking and thin-fleshed*. רָעוֹת, f. pl. construct of רַע *bad*, and דַקּוֹת, f. pl. construct of דַּק *thin*.

וַתַּעֲמֹדְנָה *and they stood*, Qal imperfect (3d f. pl.) of עָמַד, with Waw consecutive.

שְׂפַת הַיְאֹר *the shore of the Nile*. שָׂפָה means *lip*, and from this, *language*; but it also means *edge*, thus *shore*.

V. 4 וַתֹּאכַלְנָה *and they ate*, Qal imperfect (3d f. pl.) of אָכַל, with Waw consecutive.

וַיִּיקַץ *and he awoke*, Qal imperfect of יָקַץ. Other פ״י verbs of this class are

וַיִּישַׁן and he slept, *from* יָשֵׁן (v. 5)
וַיִּירָא and he feared, *from* יָרֵא

V. 6 שְׁדוּפוֹת קָדִים *scorched by the east wind*. שְׁדוּפוֹת is a Qal passive participle (f. pl.). The m. s. form is שָׁדוּף. קָדִים *east wind* is related to קֶדֶם *east*.

צֹמְחוֹת *growing*, *springing up*, Qal active participle (f. pl.) of צָמַח *to grow*.

V. 7	וַתִּבְלַעְנָה	*and they swallowed*, Qal imperfect (3d f. pl.) of בָּלַע, with Waw consecutive.
	מְלֵאוֹת	*full*, Qal active participle (f. pl.) of מָלֵא *to be full*.
V. 8	וַתִּפָּעֶם	*and it was troubled*, Niphal imperfect (3d f. s.) of פָּעַם, with Waw consecutive.
	חַרְטֻמֵּי	*magicians of*, construct plural of חַרְטֹם, an Egyptian loan-word meaning *magician*.
	חֲכָמֶיהָ	*her wisemen*. The f. s. ending refers to מִצְרַיִם *Egypt*.
	וַיְסַפֵּר	*and he told*, Piel imperfect of סָפַר. סָפַר in Qal means *to count*; in Piel it means *to recount* or *tell*.
	וְאֵין־פּוֹתֵר	*and there was no one who could interpret*. Literally *and there is not interpreting*. פּוֹתֵר is Qal active participle of פָּתַר *to interpret*.
V. 9	שַׂר הַמַּשְׁקִים	*chief butler*. מַשְׁקִים is a Hiphil participle (m. pl.) of שָׁקָה and means literally *those who give drink*.
	אֲנִי מַזְכִּיר	*I mention*, Hiphil participle (m. s.) of זָכַר *to remember*.
V. 10	שַׂר הָאֹפִים	literally *chief of the bakers*. אֹפִים is a Qal participle (m. pl.) of אָפָה *to bake*. Participles are often used as nouns to show occupation:

שׁוֹמֵר	guard,	*from*	שָׁמַר
רוֹעֶה	shepherd,	*from*	רָעָה
רוֹאֶה	seer,	*from*	רָאָה
סוֹפֵר	scribe,	*from*	סָפַר

V. 11	וַנַּחַלְמָה	*and we dreamed*, Qal imperfect of חָלַם, with Waw consecutive. The cohortative form is used for emphasis. The idea is further stressed by the pronominal phrase אֲנִי וָהוּא *I and he*.
	אִישׁ כְּפִתְרוֹן חֲלֹמוֹ	*each according to the interpretation of his dream*. פִּתְרוֹן *interpretation* is from the same root as פּוֹתֵר *interpreting* (see V. 8).
V. 12	וַיִּפְתָּר־לָנוּ	*and he interpreted for us*. וַיִּפְתָּר is Qal imperfect of פָּתַר. It is written with a qamats qatan (or qamats hatuph) because with the hyphen (maqqeph) the accent shifts to לָנוּ, leaving the last syllable of וַיִּפְתָּר closed and unaccented (see Weingreen, *Practical Grammar*, pp. 12–13).

V. 13	הֵשִׁיב	*he restored*, Hiphil perfect of שׁוּב *to return*.
V. 14	וַיְרִיצֻהוּ	*and he was quickly brought out*, Hiphil imperfect of רוּץ *to run*, with pronominal suffix; thus literally *they made him run*, but the subject is indefinite so a passive may be used (see V. 22, Lesson 19).
	וַיְגַלַּח	*and he shaved*, Piel imperfect of גָּלַח.
	וַיְחַלֵּף	*and he changed*, Piel imperfect of חָלַף.

STUDY HINTS

1. Although the Vocabulary for this lesson is sizable, it will serve you well in Lesson 21.

2. Verses 2, 3, 10, and 14 are important. Be sure you understand all the notes before continuing.

3. The contents of Pharaoh's dreams are repeated three times in this chapter in one way or another. Before going to Lesson 21, try reading Genesis 41:15–24. It should be easy reading after you have learned the text for this lesson, as it contains the same words.

4. Do Exercise A orally. Always read the rapid-reading text aloud several times. Pronounce carefully, and try to increase your speed only after you are comfortable with speaking the words in the text aloud. Check your reading with the cassette.

5. Do Exercise D orally.

6. Do not forget to increase your vocabulary power with Word List 17.

7. You should know all the words in Exercise I (except, perhaps, those noted) from your study of this lesson and the previous ones. The text is Genesis 40:1–3.

8. Write out the answers to Exercises B, C, E, F, G, H, and I.

EXERCISES

A. Rapidly read Genesis 41:1–3.

B. Give the plural:

1. חֲלוֹם	6. חַרְטֹם	11. פִּתְרוֹן
2. יְאוֹר	7. חָכָם	12. נַעַר
3. פָּרָה	8. חֵטְא	13. שִׂמְלָה
4. שָׂפָה	9. מִשְׁמָר	14. יוֹם
5. רוּחַ	10. שַׂר	

C. Give the root:

1. חֹלֵם	6. וַיַּחֲלֹם	11. וַיִּישַׁן
2. עֹלוֹת	7. וַתִּבְלַעְנָה	12. מַזְכִּיר
3. וַתִּרְעֶינָה	8. וַתִּפָּעֶם	13. וַנְּסַפֵּר
4. וַתַּעֲמֹדְנָה	9. וַיִּשְׁלַח	14. תָּלָה
5. וַיִּיקַץ	10. וַיִּקְרָא	15. וַיְרִיצֻהוּ

D. Translate the following:

1. וַיַּחֲלֹם פַּרְעֹה חֲלוֹם וְהִנֵּה הוּא עוֹמֵד עַל־הַיְאוֹר.
2. וַתֹּאכַלְנָה הַפָּרוֹת רָעוֹת הַמַּרְאֶה וְדַקּוֹת הַבָּשָׂר אֵת שֶׁבַע הַפָּרוֹת יְפוֹת הַמַּרְאֶה וְהַבְּרִיאוֹת.
3. וַיִּיקַץ פַּרְעֹה וַיִּישַׁן וַיַּחֲלֹם שֵׁנִית.
4. וַיִּשְׁלַח פַּרְעֹה וַיִּקְרָא אֶת־יוֹסֵף וַיְרִיצֻהוּ מִן־הַבּוֹר.
5. וַיְגַלַּח יוֹסֵף וַיְחַלֵּף שִׂמְלֹתָיו וַיָּבֹא אֶל־פַּרְעֹה לִשְׁמֹעַ אֶת־חֲלוֹמוֹ.

E. Translate into Hebrew with vowels:

1. And it came to pass at the end of two full years that Pharaoh dreamed.
2. There were seven cows, well-favored and fat-fleshed.
3. The ill-favored and lean-fleshed cows devoured the seven well-favored and fat cows.
4. The thin ears of corn swallowed up the seven healthy and full ears.
5. Pharaoh sent and called for all the magicians of Egypt.
6. There was none who could interpret the dream for Pharaoh.
7. Pharaoh sent and called Joseph and he was brought hastily out of the dungeon.

F. Translate into Hebrew without vowels:

Pharaoh dreamed a dream at the end of two full years. Seven cows came up out of the river, good-looking and fat-fleshed; and seven other cows, bad-looking and lean-fleshed, also came out of the river. And the bad-looking and lean-fleshed cows devoured the seven good-looking and fat-fleshed cows. Pharaoh called and sent for all the magicians and wise men of Egypt to interpret the dream; but there was none that could interpret it to Pharaoh.

G. Write a brief note about each of the following:

1. שְׁנָתַיִם יָמִים
2. יְפוֹת מַרְאֶה, רָעוֹת מַרְאֶה
3. שַׂר הָאֹפִים
4. וַיִּפְתָּר־לָנוּ
5. וַיְרִיצֻהוּ

H. Add the pronominal suffixes to the preposition אַחֲרֵי *after*: *after me*, etc.

I. Translate the following passage from sight:

וַיְהִי אַחַר הַדְּבָרִים הָאֵלֶּה חָטְאוּ מַשְׁקֵה[1] מֶלֶךְ מִצְרַיִם וְהָאֹפֶה[2] לַאֲדֹנֵיהֶם לְמֶלֶךְ מִצְרָיִם. וַיִּקְצֹף פַּרְעֹה עַל־שְׁנֵי סָרִיסָיו עַל־שַׂר הַמַּשְׁקִים וְעַל־שַׂר הָאוֹפִים. וַיִּתֵּן אֹתָם בְּמִשְׁמַר בֵּית שַׂר הַטַּבָּחִים אֶל־בֵּית הַסֹּהַר מְקוֹם אֲשֶׁר יוֹסֵף אָסוּר שָׁם.

WORD LIST 17

Words occurring in the Bible from 100 to 300 times

garment	בֶּגֶד	to give thanks	הוֹדָה (יָדָה)
morning	בֹּקֶר	to be good	יָטַב
covenant	בְּרִית	to remain over	יָתַר
flesh	בָּשָׂר	to be heavy	כָּבֵד
boundary	גְּבוּל	to cover	כִּסָּה

[1] butler.
[2] baker.

Lesson Twenty-one
Genesis 41:25–34

25 וַיֹּאמֶר יוֹסֵף אֶל־פַּרְעֹה חֲלוֹם פַּרְעֹה
אֶחָד הוּא אֵת אֲשֶׁר הָאֱלֹהִים עֹשֶׂה הִגִּיד לְפַרְעֹה׃ 26 שֶׁבַע פָּרֹת[a]
הַטֹּבֹת שֶׁבַע שָׁנִים הֵנָּה וְשֶׁבַע הַשִּׁבֳּלִים[b] הַטֹּבֹת שֶׁבַע שָׁנִים הֵנָּה חֲלוֹם
אֶחָד הוּא׃ 27 וְשֶׁבַע הַפָּרוֹת הָרַקּוֹת[a] וְהָרָעֹת הָעֹלֹת אַחֲרֵיהֶן שֶׁבַע
שָׁנִים הֵנָּה וְשֶׁבַע הַשִּׁבֳּלִים[b] הָרֵקוֹת[c] שְׁדֻפוֹת[d] הַקָּדִים יִהְיוּ שֶׁבַע שְׁנֵי
רָעָב׃ 28 הוּא הַדָּבָר אֲשֶׁר דִּבַּרְתִּי אֶל־פַּרְעֹה אֲשֶׁר הָאֱלֹהִים עֹשֶׂה
הֶרְאָה אֶת־פַּרְעֹה׃ 29 הִנֵּה שֶׁבַע שָׁנִים בָּאוֹת שָׂבָע גָּדוֹל בְּכָל־אֶרֶץ
מִצְרָיִם׃ 30 וְקָמוּ שֶׁבַע שְׁנֵי רָעָב אַחֲרֵיהֶן וְנִשְׁכַּח כָּל־הַשָּׂבָע בְּאֶרֶץ
מִצְרָיִם וְכִלָּה הָרָעָב אֶת־הָאָרֶץ׃ 31 וְלֹא־יִוָּדַע הַשָּׂבָע בָּאָרֶץ מִפְּנֵי
הָרָעָב הַהוּא אַחֲרֵי־כֵן כִּי־כָבֵד[a] הוּא מְאֹד׃ 32 וְעַל הִשָּׁנוֹת הַחֲלוֹם
אֶל־פַּרְעֹה פַּעֲמָיִם כִּי־נָכוֹן הַדָּבָר מֵעִם הָאֱלֹהִים וּמְמַהֵר הָאֱלֹהִים
לַעֲשֹׂתוֹ׃ 33 וְעַתָּה יֵרֶא פַרְעֹה אִישׁ נָבוֹן וְחָכָם וִישִׁיתֵהוּ עַל־אֶרֶץ
מִצְרָיִם׃ 34 יַעֲשֶׂה[a] פַרְעֹה וְיַפְקֵד פְּקִדִים עַל־הָאָרֶץ וְחִמֵּשׁ[b] אֶת־
אֶרֶץ מִצְרַיִם בְּשֶׁבַע שְׁנֵי הַשָּׂבָע׃

VOCABULARY

and it shall be forgotten	וְנִשְׁכַּח (שָׁכַח)	they (f. pl.)	הֵנָּה
and it shall consume	וְכִלָּה (כָּלָה)	thin, weak	רַק (רָקַק)
famine	רָעָב	empty	רֵק (ריק)
it shall be known	יִוָּדַע (יָדַע)	he has shown	הֶרְאָה (רָאָה)
grievous, heavy	כָּבֵד	plenty	שָׂבָע
		and they shall arise	וְקָמוּ (קום)

and let him set him	וִישִׁיתֵהוּ (שִׁית)	being repeated	הִשָּׁנוֹת (שָׁנָה)
and let him appoint	וְיַפְקֵד (פָּקַד)	it is established, correct	נָכוֹן (כּוּן)
overseer	פָּקִיד (פְּקִידִים)	hastens	מְמַהֵר (מָהַר)
and he will take one fifth (of the produce)	וְחִמֵּשׁ	let him see, look for	יֵרֶא (רָאָה)
		intelligent	נָבוֹן (בִּין)

EXPLANATORY NOTES

V. 26 שֶׁבַע שָׁנִים הֵנָּה *they are seven years.* הֵנָּה is a form of הֵן *they.*

חֲלוֹם אֶחָד הוּא *it is one dream*, that is, both dreams have the same interpretation.

V. 27 רַקּוֹת *thin*, f. pl. of רַק. This word is formed from the root רָקַק, just as דַּק *light*, *thin*, is from the root דָּקַק.

רֵקוֹת for רֵיקוֹת (f. pl.) *empty*, *void*. Distinguish among דַּק *thin*; רַק, also *thin*; and רֵיק, רֵק, *empty*, *vain*.

שְׁנֵי *years of*, plural construct of שָׁנִים *years* (שָׁנָה *year*). Another plural construct form used is שְׁנוֹת.

V. 28 אֲשֶׁר הָאֱלֹהִים עֹשֶׂה הֶרְאָה אֶת־פַּרְעֹה *What God is going to do he has shown Pharaoh*. The verb הֶרְאָה has two objects; one comes before the verb: God has shown *what he is going to do*; and one comes after: God has shown *Pharaoh* (*to Pharaoh*). הֶרְאָה is Hiphil perfect of רָאָה *to see*:

Qal:	רָאָה	he saw
Niphal:	נִרְאָה	he was seen, he appeared
Hiphil:	הֶרְאָה	he caused to see, he showed

V. 29 בָּאוֹת *are coming*, Qal active participle of בּוֹא. The four participles of ע״ו verbs are בָּא, בָּאָה, בָּאִים, בָּאוֹת. The f. s. participle בָּאָה looks like the 3d f. s. perfect בָּאָה *she came*, but in the perfect the accent is on the first syllable:

אַתְּ בָּאָה you are coming

הִיא בָּאָה she came

V. 30 וְקָמוּ *and they shall arise*, Qal perfect of קוּם, with Waw consecutive.

וְנִשְׁכַּח *and it shall be forgotten*, Niphal perfect of שָׁכַח *to forget*, with Waw consecutive. The subject is כָּל־הַשָּׂבָע.

וְכִלָּה *and it shall consume*, Piel perfect of כָּלָה *to come to an end, be consumed*, with Waw consecutive. The subject is הָרָעָב.

V. 31 יִוָּדַע *it will be known*, Niphal imperfect of יָדַע *to know*:

Qal:	יֵדַע	he will know
Niphal:	יִוָּדַע	he will be known
Hiphil:	יוֹדִיעַ	he will make known
Hithpael:	יִתְוַדַּע	he will make himself known

מִפְּנֵי *because of*, literally *from the face of*, made up of מִן *from* and the construct of פָּנִים *face*. It sometimes means *from the presence of*, but here has come to mean *because of*. It is always followed by a noun or a pronominal suffix:

מִפְּנֵי הַגֶּשֶׁם	because of the rain
מִפְּנֵיהֶם	because of them

אַחֲרֵי־כֵן *afterwards, after that.*

V. 32 וְעַל הִשָּׁנוֹת הַחֲלוֹם *and concerning the dream's being repeated.* הִשָּׁנוֹת is a Niphal Infinitive construct and means *being done twice, being repeated*. The root is שָׁנָה *to repeat, do again*.

פַּעֲמַיִם *twice*. The dual of פַּעַם *time* (occurrence—as in *this time*). The plural is פְּעָמִים. Cf., e.g., יוֹמַיִם *two days*; שְׁנָתַיִם *two years*; חָדְשַׁיִם *two months*.

נָכוֹן *is established*, *prepared*, Niphal participle of כּוּן.

מֵעִם הָאֱלֹהִים *from God, by God*. מֵעִם is literally *from with*, מִן plus עִם.

מְמַהֵר *is hurrying*, *hastens*, Piel participle of מָהַר.

לַעֲשֹׂתוֹ *to do it*, Qal Infinitive construct of עָשָׂה (see V. 10, Lesson 17, לִהְיוֹת) plus 3d m. s. suffix.

V. 33 יֵרֶא *let him see*, *find*, the shortened form of the Qal imperfect, called jussive, of the verb רָאָה *to see*. This verb sometimes (as here) means *to find*, *select*. Note also וַיַּרְא *and he saw*.

וִישִׁתֵהוּ *and let him set him*, Qal imperfect of שִׁית *to place*, *set*, with 3d m. s. suffix. The ו is *not* Waw consecutive, in which case we would expect וַיְשִׁיתֵהוּ, but a simple conjunction.

V. 34 וְיַפְקֵד *and let him appoint*, again, a jussive form, this time the Hiphil of פָּקַד. The ו is a conjunction, and the sense, like the two preceding verbs, is jussive, or a kind of third-person imperative *let him* . . . as in יְהִי אוֹר *let light be* (or *let there by light*).

וְחִמֵּשׁ *and he will take a fifth* [*of the produce of*], Piel perfect with Waw consecutive. This word is formed from חָמֵשׁ *five*, just as עִשֵּׂר *to tithe*, *give a tenth*, is derived from עֶשֶׂר *ten*; מַעֲשֵׂר *one tenth*, *a tithe*.

STUDY HINTS

1. You should find reading this lesson fairly easy, as much of the Vocabulary also appeared in Lesson 20. Study the text carefully using the Explanatory Notes.
2. Elements of this lesson that you should take care to learn well are the Niphal, ע״ו participles (V. 29), and the jussive (see Weingreen, *Practical Grammar*, pp. 88, 114, on the form and usage of the jussive).
3. The following is a list of all the Niphal verbs in the text: הִשָּׁנוֹת, יִוָּדַע, נִשְׁכַּח, נָבוֹן, נָכוֹן. They respectively represent four kinds of weak verbs—ל׳ guttural, פ״י, ל״ה, and ע״ו. Check Weingreen's paradigms in *Practical Grammar*, pp. 254–79, for the complete Niphal table of each of these kinds of verbs.
4. In two places in the text the jussive takes a shortened form יֵרֶא *let him see* (V. 33) instead of imperfect יִרְאֶה *he will see*; and יַפְקֵד *let him appoint* (V. 34) instead of imperfect יַפְקִיד *he will appoint*. Study the Explanatory Notes for these verses carefully.
5. Do Exercises A, D, F, and I orally.
6. Write out the answers to Exercises B, C, E, G, H, and I.

EXERCISES

A. Rapidly read Genesis 41:26–28.

B. Give the plural:

1. חֲלוֹם
2. שָׁנָה
3. פַּעַם
4. פָּקִיד
5. שִׁבֹּלֶת
6. דּוֹר
7. דָּבָר
8. שָׂדֶה

C. Give the root:

1. הֶרְאָה
2. וְקָמוּ
3. נִשְׁכַּח
4. וִישִׁיתֵהוּ
5. יַעֲשֶׂה
6. וַיַּפְקֵד
7. יִוָּדַע
8. וְכִלָּה
9. הִגִּיד
10. עָלָה
11. יֵרֶא
12. הִשָּׁנוֹת
13. מְמַהֵר
14. יִהְיוּ
15. בָּאוּ

D. Translate into English:

1. שֶׁבַע שָׁנִים בָּאוֹת וְשָׂבָע גָּדוֹל יִהְיֶה בְּכָל־אֶרֶץ מִצְרָיִם וְקָמוּ שֶׁבַע שְׁנֵי רָעָב אַחֲרֵיהֶן.
2. הַשָּׂבָע לֹא יִוָּדַע בָּאָרֶץ מִפְּנֵי הָרָעָב הַהוּא כִּי־כָבֵד הוּא מְאֹד.
3. נָכוֹן הַדָּבָר מֵעִם אֱלֹהִים וּמְמַהֵר לַעֲשׂוֹתוֹ.
4. פַּרְעֹה חִמֵּשׁ אֶת־אֶרֶץ מִצְרַיִם בְּשֶׁבַע שְׁנֵי הַשָּׂבָע.
5. חֲלוֹם פַּרְעֹה אֶחָד הוּא אֵת אֲשֶׁר הָאֱלֹהִים עֹשֶׂה הִגִּיד לְפַרְעֹה.

E. Translate any twelve of the following into Hebrew:

1. seven good cows
2. seven good years
3. bad-looking cows
4. seven years of famine
5. seven years of great plenty
6. the land of Egypt
7. the dream was repeated
8. an intelligent and wise man
9. over the land
10. he took the fifth part of the land
11. the dream is one
12. blasted with the east wind
13. it shall be grievous
14. it is established by God
15. fat-fleshed cows
16. seven empty ears

F. Give an explanatory note for each of the following:

1. יִוָּדַע
2. וְיַפְקֵד
3. מִפְּנֵי
4. חִמֵּשׁ
5. בָּאוֹת

G. Give the construct state of each of the following nouns:

1. שָׁנִים
2. חֲלוֹמוֹת
3. שָׂדוֹת
4. פְּקִידִים
5. פָּנִים
6. שָׂפָה
7. אֲרָצוֹת
8. דְּבָרִים
9. עֵינַיִם
10. אֱלֹהִים

H. Add the pronominal suffixes to the preposition לִפְנֵי *before*: לְפָנַי, etc.

I. Summarize Genesis 41:1–34 in Hebrew in not more than one page. You may consult the biblical text but try to use your own words and phrases.

WORD LIST 18

Words occurring in the Bible from 100 to 300 times

seed	זֶרַע	to cover, atone for	כִּפֶּר
sin	חַטָּאת	to put on, wear	לָבַשׁ
strength, army	חַיִל	to fight	נִלְחַם (לָחַם)
lovingkindness	חֶסֶד	to capture	לָכַד
glory	כָּבוֹד	to prophesy	נִבָּא

Terracotta female figure made by Hurrites ca. 1800–1500 B.C., about the time of Israel's sojourn in Egypt, and discovered in Syria.

Lesson Twenty-two
Genesis 45:1–15

45 1 וְלֹא־יָכֹל יוֹסֵף לְהִתְאַפֵּק
לְכֹל הַנִּצָּבִים עָלָיו וַיִּקְרָא הוֹצִיאוּ כָל־אִישׁ מֵעָלָי וְלֹא־עָמַד אִישׁ
אִתּוֹ בְּהִתְוַדַּע יוֹסֵף אֶל־אֶחָיו׃ 2 וַיִּתֵּן אֶת־קֹלוֹ בִּבְכִי וַיִּשְׁמְעוּ מִצְרַיִם
וַיִּשְׁמַע[a] בֵּית פַּרְעֹה׃ 3 וַיֹּאמֶר יוֹסֵף אֶל־אֶחָיו אֲנִי יוֹסֵף הַעוֹד אָבִי
חָי וְלֹא־יָכְלוּ אֶחָיו לַעֲנוֹת אֹתוֹ כִּי נִבְהֲלוּ מִפָּנָיו׃ 4 וַיֹּאמֶר יוֹסֵף אֶל־
אֶחָיו גְּשׁוּ־נָא אֵלַי וַיִּגָּשׁוּ וַיֹּאמֶר אֲנִי יוֹסֵף אֲחִיכֶם אֲשֶׁר־מְכַרְתֶּם אֹתִי
מִצְרָיְמָה׃ 5 וְעַתָּה אַל־תֵּעָצְבוּ וְאַל־יִחַר בְּעֵינֵיכֶם כִּי־מְכַרְתֶּם אֹתִי
הֵנָּה כִּי לְמִחְיָה שְׁלָחַנִי אֱלֹהִים לִפְנֵיכֶם׃ 6 כִּי־זֶה שְׁנָתַיִם הָרָעָב
בְּקֶרֶב הָאָרֶץ וְעוֹד חָמֵשׁ שָׁנִים אֲשֶׁר אֵין־חָרִישׁ וְקָצִיר[a]׃ 7 וַיִּשְׁלָחֵנִי
אֱלֹהִים לִפְנֵיכֶם לָשׂוּם לָכֶם שְׁאֵרִית בָּאָרֶץ וּלְהַחֲיוֹת לָכֶם לִפְלֵיטָה
גְּדֹלָה׃ 8 וְעַתָּה לֹא־אַתֶּם שְׁלַחְתֶּם אֹתִי הֵנָּה כִּי הָאֱלֹהִים וַיְשִׂימֵנִי
לְאָב לְפַרְעֹה וּלְאָדוֹן לְכָל־בֵּיתוֹ וּמֹשֵׁל בְּכָל־אֶרֶץ מִצְרָיִם׃ 9 מַהֲרוּ
וַעֲלוּ אֶל־אָבִי וַאֲמַרְתֶּם אֵלָיו כֹּה אָמַר בִּנְךָ יוֹסֵף שָׂמַנִי אֱלֹהִים לְאָדוֹן
לְכָל־מִצְרָיִם רְדָה אֵלַי אַל־תַּעֲמֹד׃ 10 וְיָשַׁבְתָּ בְאֶרֶץ־גֹּשֶׁן[a] וְהָיִיתָ
קָרוֹב אֵלַי אַתָּה וּבָנֶיךָ וּבְנֵי בָנֶיךָ וְצֹאנְךָ וּבְקָרְךָ וְכָל־אֲשֶׁר־לָךְ׃
11 וְכִלְכַּלְתִּי אֹתְךָ שָׁם כִּי־עוֹד חָמֵשׁ שָׁנִים רָעָב פֶּן־תִּוָּרֵשׁ[a] אַתָּה
וּבֵיתְךָ וְכָל־אֲשֶׁר־לָךְ׃ 12 וְהִנֵּה עֵינֵיכֶם רֹאוֹת וְעֵינֵי אָחִי בִנְיָמִין כִּי־
פִי הַמְדַבֵּר אֲלֵיכֶם׃ 13 וְהִגַּדְתֶּם לְאָבִי אֶת־כָּל־כְּבוֹדִי בְּמִצְרַיִם וְאֵת
כָּל־אֲשֶׁר רְאִיתֶם וּמִהַרְתֶּם וְהוֹרַדְתֶּם אֶת־אָבִי הֵנָּה׃ 14 וַיִּפֹּל עַל־
צַוְּארֵי בִנְיָמִן־אָחִיו וַיֵּבְךְּ וּבִנְיָמִן בָּכָה עַל־צַוָּארָיו׃ 15 וַיְנַשֵּׁק לְכָל־
אֶחָיו וַיֵּבְךְּ עֲלֵיהֶם וְאַחֲרֵי כֵן דִּבְּרוּ אֶחָיו אִתּוֹ׃

VOCABULARY

to keep alive, save	לְהַחֲיוֹת (חָיָה)
deliverance	פְּלֵיטָה
ruler	מֹשֵׁל (מָשַׁל)
hurry!	מַהֲרוּ (מָהַר)
go up!	עֲלוּ (עָלָה)
come down!	רְדָה (יָרַד)
near	קָרוֹב אֶל
sheep, flock	צֹאן
cattle	בָּקָר
and I will sustain	וְכִלְכַּלְתִּי (כּוּל)
you will be disinherited, you will come to poverty	תִּוָּרֵשׁ (יָרַשׁ)
my mouth	פִּי
glory	כָּבוֹד
and you shall bring down	וְהוֹרַדְתֶּם (יָרַד)
neck	צַוָּאר (צור)
and he wept	וַיֵּבְךְּ (בָּכָה)
and he kissed	וַיְנַשֵּׁק (נָשַׁק)
he was able	יָכֹל
to restrain oneself	לְהִתְאַפֵּק (אפק)
bystander	נִצָּב (נָצַב)
take out!	הוֹצִיאוּ (יָצָא)
to make oneself known	הִתְוַדַּע (יָדַע)
weeping (n.)	בְּכִי (בָּכָה)
they were able	יָכְלוּ (יָכֹל)
they were frightened, alarmed	נִבְהֲלוּ (בָּהַל)
approach!	גְּשׁוּ (נָגַשׁ)
do not be grieved!	אַל־תֵּעָצְבוּ (עָצַב)
preservation of life, livelihood	מִחְיָה (חָיָה)
he sent me	שְׁלָחַנִי (שָׁלַח)
in the midst of	בְּקֶרֶב
plowing	חָרִישׁ (חָרַשׁ)
harvest	קָצִיר (קָצַר)
to place, set, establish	לָשׂוּם (שִׂים or שׂוּם)
remnant	שְׁאֵרִית

EXPLANATORY NOTES

V. 1 יָכֹל *was able*, Qal perfect of the stative verb יָכֹל. There are two types of stative verbs, those with an ē-theme vowel (ṣereh) and those with an ō-theme vowel (ḥolam):

כָּבֵד	to be heavy	יָכֹל	to be able
מָלֵא	to be full	קָטֹן	to be small

לְהִתְאַפֵּק *to restrain himself*, Hithpael Infinitive construct of אָפַק.

כֹּל הַנִּצָּבִים עָלָיו *all those standing by him.* נִצָּבִים is a Niphal participle

(m. pl.) from נִצָּב and means *those who are standing, bystanders.* עַל here means not *upon* but *by, near.*

הוֹצִיאוּ — *take out!* Hiphil imperative (m. pl.) of יָצָא *to go out.* Like other פ״י verbs, the י is replaced by ו in the Hiphil (see V. 25, Lesson 16, לְהוֹרִיד).

בְּהִתְוַדַּע יוֹסֵף — *when Joseph revealed himself.* הִתְוַדַּע is Hithpael Infinitive construct of יָדַע *to know.* The reflexive sense of the Hithpael is evident here: *to make oneself known.*

V. 2 וַיִּתֵּן אֶת־קוֹלוֹ בִּבְכִי — *and he wept aloud*, literally *he gave his voice in weeping.*

וַיִּשְׁמְעוּ מִצְרַיִם — *and Egypt heard.* "Egypt," of course, is not the country of Egypt but the people of Egypt, thus the verb is plural.

V. 3 חָי — *living, alive,* pausal form of חַי, Qal participle of חָיָה *to live*, often used as an adjective.

נִבְהֲלוּ — *they were frightened, alarmed,* Niphal perfect of בָּהַל.

מִפָּנָיו — *because of him, by his presence.* See V. 31, Lesson 21, מִפְּנֵי *because of.*

V. 4 גְּשׁוּ — *draw near!* This is the Qal imperative form of פ״נ verbs, in this case נָגַשׁ. Other examples:

סַע	travel!	(m. s.)	*from*	נָסַע
גְּעִי	touch!	(f. s.)	*from*	נָגַע
שְׂאוּ	lift!	(m. pl.)	*from*	נָשָׂא

V. 5 אַל־תֵּעָצְבוּ — *do not be grieved,* Niphal imperfect from the root עָצַב.

אַל־יִחַר בְּעֵינֵיכֶם — *do not be angry with yourselves,* an idiom. Literally *let it not grow hot in your sight* [*eyes*]. יִחַר is the jussive form of חָרָה *to be hot* or *angry.*

V. 6 זֶה שְׁנָתַיִם — *these two years,* or *for two years now.* Cf. יוֹמַיִם *two days,* חָדְשַׁיִם *two months.* These are dual forms.

V. 7 לָשׂוּם — *to put, set,* the same as לָשִׂים, both Qal Infinitive constructs.

לְהַחֲיוֹת — *to save alive,* Hiphil Infinitive construct of חָיָה *to live.* The Hiphil is causative: *to cause to live,* or *to keep alive.*

V. 8 לֹא־אַתֶּם . . . כִּי הָאֱלֹהִים — *not you . . . but God.* כִּי has many different uses. Here it means *but.*

וַיְשִׂימֵנִי *and he has placed me*, Qal imperfect of שִׂים, with Waw consecutive and suffix.

לְאָב *as father*. This is a common use of לְ– *as*, especially well known in the formula וְהָיִיתִי לָהֶם לֵאלֹהִים וְהֵמָּה יִהְיוּ לִי לְעָם *And I shall be as God for them* [i.e., *I shall be their God*] *and they shall be my people* (Jer. 31:33).

V. 9 מַהֲרוּ *hurry!* Piel imperative (m. pl.) of מָהַר.

עֲלוּ *go up!* Qal imperative (m. pl.) of עָלָה *to go up*. In ל״ה verbs, the ה drops (among other places) in all 2d and 3d pl. forms.

רְדָה *come down now!* Qal imperative (m. s.) of יָרַד. This is called the cohortative or emphatic imperative. The regular imperative is רֵד. Other common verbs (besides פ״נ) which drop the first root letter in the imperative are

שֵׁב	sit down!	*from*	יָשַׁב
תֵּן	give!	*from*	נָתַן
צֵא	go out!	*from*	יָצָא
לֵךְ	go!	*from*	הָלַךְ
קַח	take!	*from*	לָקַח

V. 11 וְכִלְכַּלְתִּי *and I will sustain*, Pilpel perfect (similar to Piel) of כּוּל, with Waw consecutive.

תִּוָּרֵשׁ *you will be disinherited*, *come to poverty*, Niphal imperfect of יָרַשׁ *to inherit*.

V. 12 פִּי הַמְדַבֵּר [*it is*] *my mouth which is speaking. Mouth* is פֶּה, *my mouth* פִּי, *your mouth* פִּיךָ, etc.

הַמְדַבֵּר *which is speaking*; ה– *which.* אֲשֶׁר is the relative pronoun used with the perfect and the imperfect. The definite article is used with the participle to express a relative relationship:

הָאִישׁ אֲשֶׁר הָלַךְ	the man who went, *but*
הָאִישׁ הַהוֹלֵךְ	the man who is going
פִּי אֲשֶׁר דִּבֵּר	my mouth which spoke, *but*
פִּי הַמְדַבֵּר	[it is] my mouth which is speaking

V. 14 וַיֵּבְךְּ *and he wept*, the shortened Qal imperfect of בָּכָה, with Waw consecutive. The regular Qal imperfect is יִבְכֶּה.

V. 15 וַיְנַשֵּׁק *and he kissed*, Piel imperfect of נָשַׁק.

STUDY HINTS

1. The Vocabulary of this lesson is not difficult, since much of it is based on words and roots that you already know. Concentrate on the particular forms which occur in this text, such as the imperative, infinitive, and participle. Read the Explanatory Notes carefully to identify any forms you may not know.
2. This is a critical and moving part of the Joseph narrative. Read it over several times aloud after you have studied the lesson to discover the expressive quality of the text.
3. Do Exercises A and I orally.
4. Write out the answers to Exercises B, C, D, E, F, G, H, I, J, and K.
5. For more information on stative verbs, see Weingreen, *Practical Grammar*, pp. 95–97.

EXERCISES

A. Rapidly read Genesis 45:2–4.

B. Give the plural:

1. עֶבֶד
2. אָח
3. פָּקִיד
4. חֲלוֹם
5. פַּעַם
6. חָכָם
7. פָּרָה
8. בַּיִת
9. אֶרֶץ
10. קוֹל
11. אָב
12. שָׁנָה

C. Give the root, the verb pattern, and the exact meaning of each of the following verbs:

1. הִתְאַפֵּק
2. הוֹצִיאוּ
3. הִתְוַדַּע
4. נִבְהֲלוּ
5. מְכַרְתֶּם
6. תֵּעָצְבוּ
7. שְׁלָחַנִי
8. וַיְשִׂימֵנִי
9. מַהֲרוּ
10. עֲלוּ
11. שָׂמַנִי
12. רְדָה
13. וְכִלְכַּלְתִּי
14. תִּוָּרֵשׁ
15. וְהִגַּדְתֶּם
16. רְאִיתֶם
17. וְהוֹרַדְתֶּם
18. וַיֵּבְךְּ
19. וַיְנַשֵּׁק
20. עֲנֵה

D. Translate into Hebrew:

1. the house of Pharaoh
2. before you
3. unto his brethren
4. he sat near to me
5. neither plowing nor harvest
6. on the earth
7. your flock and your cattle
8. lord of all Egypt
9. for two years now
10. five more years

E. Write a brief explanatory note on each of the following:

1. יָכֹל
2. גְּשׁוּ
3. לְאָב
4. פִּי הַמְדַבֵּר
5. רְדָה
6. מִצְרַיְמָה

F. Give the construct of each of the following:

1. עֵינַיִם
2. שְׁנַיִם
3. אָדוֹן
4. בָּנִים
5. אֲרָצוֹת
6. קוֹלוֹת
7. פָּרָה
8. אָב
9. קוֹל
10. אָבוֹת

G. Give the Infinitive construct of the following, with the preposition לְ.

Example: לָרֶדֶת—יָרַד

1. לָקַח
2. יָצָא
3. עָנָה
4. שָׁלַח
5. יָרַשׁ
6. הָלַךְ
7. קָרָא
8. נָתַן
9. שָׁמַע
10. הָיָה

H. Give the meaning and the root of each of the following imperatives:

Example: דְּעוּ know! *from* יָדַע

1. רְדוּ
2. שְׁבוּ
3. צְאוּ
4. גְּשׁוּ
5. סְעוּ
6. קְחוּ
7. לְכוּ
8. תְּנוּ
9. עֲנוּ
10. רְאוּ

I. Translate into English:

1. אַל־יִחַר בְּעֵינֵיכֶם כִּי־מְכַרְתֶּם אוֹתִי הֵנָּה.
2. וַיֹּאמֶר יוֹסֵף אֶל־אֶחָיו: אֲנִי יוֹסֵף הַעוֹד אָבִי חָי?
3. יֵשׁ עוֹד חָמֵשׁ שָׁנִים אֲשֶׁר אֵין־חָרִישׁ וְקָצִיר.

4. וַיִּשְׁלָחֵנִי אֱלֹהִים לִפְנֵיכֶם לָשׂוּם לָכֶם שְׁאֵרִית וּמִחְיָה בָּאָרֶץ.
5. וַיֹּאמֶר יוֹסֵף מַהֲרוּ וַעֲלוּ אֶל־אָבִי וַאֲמַרְתֶּם אֵלָיו שָׂמַנִי אֱלֹהִים לְאָדוֹן עַל־כָּל־מִצְרָיִם.
6. וַיִּפֹּל יוֹסֵף עַל־צַוְּארֵי בִנְיָמִין־אָחִיו וַיֵּבְךְּ.
7. וַיְנַשֵּׁק יוֹסֵף לְכָל־אֶחָיו וַיֵּבְךְּ בְּקוֹל גָּדוֹל.
8. וְכִלְכַּלְתִּי אֹתְךָ בְּאֶרֶץ־גֹּשֶׁן כִּי עוֹד חָמֵשׁ שָׁנִים רָעָב.

J. Translate into Hebrew with vowels:

1. And Joseph wept aloud and the Egyptians heard.
2. God sent me before you to preserve life.
3. For two years now the famine has been in the land.
4. You [m. s.] shall be near me, you and your children.
5. You [m. pl.] shall tell my father of all my glory in Egypt.
6. I will sustain you in the land of Goshen.
7. You [m. pl.] shall tell my father of all that you have seen.

K. Translate into Hebrew without vowels:

Joseph could not restrain himself and he wept aloud and the Egyptians heard. And Joseph said to his brothers, "I am Joseph; is my father still alive?" And his brothers could not answer him because they were alarmed because of his presence. And Joseph said, "Do not be grieved with yourselves that you sold me here, for God sent me before you for preserving life."

WORD LIST 19

Words occurring in the Bible from 100 to 300 times

palm, sole (f.)	כַּף	to touch	נָגַע
heart	לֵבָב	to approach	נָגַשׁ
night	לַיְלָה	to travel	נָסַע
very	מְאֹד	to turn, surround	סָבַב
appointed time *or* place	מוֹעֵד	to count	סָפַר

Lesson Twenty-three
Genesis 45:16–28; 46:29–31

16 וְהַקֹּל נִשְׁמַע
בֵּית פַּרְעֹה לֵאמֹר בָּאוּ אֲחֵי יוֹסֵף וַיִּיטַב בְּעֵינֵי פַרְעֹה וּבְעֵינֵי עֲבָדָיו׃
17 וַיֹּאמֶר פַּרְעֹה אֶל־יוֹסֵף אֱמֹר אֶל־אַחֶיךָ זֹאת עֲשׂוּ טַעֲנוּ אֶת־
בְּעִירְכֶם וּלְכוּ־בֹאוּ אַרְצָה כְּנָעַן׃ 18 וּקְחוּ אֶת־אֲבִיכֶם וְאֶת־בָּתֵּיכֶם
וּבֹאוּ אֵלָי וְאֶתְּנָה לָכֶם אֶת־טוּב אֶרֶץ מִצְרַיִם וְאִכְלוּ אֶת־חֵלֶב הָאָרֶץ׃
19 וְאַתָּה צֻוֵּיתָה[a] זֹאת עֲשׂוּ קְחוּ־לָכֶם מֵאֶרֶץ מִצְרַיִם עֲגָלוֹת לְטַפְּכֶם
וְלִנְשֵׁיכֶם וּנְשָׂאתֶם אֶת־אֲבִיכֶם וּבָאתֶם׃ 20 וְעֵינְכֶם אַל־תָּחֹס עַל־
כְּלֵיכֶם כִּי־טוּב כָּל־אֶרֶץ מִצְרַיִם לָכֶם הוּא׃ 21 וַיַּעֲשׂוּ־כֵן בְּנֵי יִשְׂרָאֵל
וַיִּתֵּן לָהֶם יוֹסֵף עֲגָלוֹת עַל־פִּי פַרְעֹה וַיִּתֵּן לָהֶם צֵדָה לַדָּרֶךְ׃ 22 לְכֻלָּם
נָתַן לָאִישׁ חֲלִפוֹת שְׂמָלֹת וּלְבִנְיָמִן נָתַן שְׁלֹשׁ מֵאוֹת כֶּסֶף וְחָמֵשׁ חֲלִפֹת
שְׂמָלֹת׃ 23 וּלְאָבִיו שָׁלַח כְּזֹאת עֲשָׂרָה חֲמֹרִים נֹשְׂאִים מִטּוּב מִצְרָיִם
וְעֶשֶׂר אֲתֹנֹת נֹשְׂאֹת בָּר וָלֶחֶם וּמָזוֹן לְאָבִיו לַדָּרֶךְ׃ 24 וַיְשַׁלַּח אֶת־
אֶחָיו וַיֵּלֵכוּ וַיֹּאמֶר אֲלֵהֶם אַל־תִּרְגְּזוּ[a] בַּדָּרֶךְ׃ 25 וַיַּעֲלוּ מִמִּצְרָיִם
וַיָּבֹאוּ אֶרֶץ[a] כְּנַעַן אֶל־יַעֲקֹב אֲבִיהֶם׃ 26 וַיַּגִּדוּ לוֹ לֵאמֹר עוֹד יוֹסֵף
חַי וְכִי־הוּא מֹשֵׁל בְּכָל־אֶרֶץ מִצְרָיִם וַיָּפָג לִבּוֹ כִּי לֹא־הֶאֱמִין לָהֶם׃
27 וַיְדַבְּרוּ אֵלָיו אֵת כָּל־דִּבְרֵי יוֹסֵף אֲשֶׁר דִּבֶּר אֲלֵהֶם וַיַּרְא אֶת־
הָעֲגָלוֹת אֲשֶׁר־שָׁלַח יוֹסֵף לָשֵׂאת אֹתוֹ וַתְּחִי רוּחַ יַעֲקֹב אֲבִיהֶם׃
28 וַיֹּאמֶר יִשְׂרָאֵל רַב עוֹד־יוֹסֵף בְּנִי חָי אֵלְכָה וְאֶרְאֶנּוּ בְּטֶרֶם אָמוּת׃
29 וַיֶּאְסֹר יוֹסֵף מֶרְכַּבְתּוֹ
וַיַּעַל לִקְרַאת־יִשְׂרָאֵל אָבִיו גֹּשְׁנָה וַיֵּרָא אֵלָיו וַיִּפֹּל עַל־צַוָּארָיו וַיֵּבְךְּ
עַל־צַוָּארָיו עוֹד׃ 30 וַיֹּאמֶר יִשְׂרָאֵל אֶל־יוֹסֵף אָמוּתָה הַפָּעַם אַחֲרֵי
רְאוֹתִי אֶת־פָּנֶיךָ כִּי עוֹדְךָ חָי׃ 31 וַיֹּאמֶר יוֹסֵף אֶל־אֶחָיו וְאֶל־בֵּית
אָבִיו אֶעֱלֶה וְאַגִּידָה לְפַרְעֹה וְאֹמְרָה אֵלָיו אַחַי וּבֵית־אָבִי אֲשֶׁר
בְּאֶרֶץ־כְּנַעַן בָּאוּ אֵלָי׃

VOCABULARY

corn, grain	בַּר
food	מָזוֹן (זון)
you will be agitated	תִּרְגְּזוּ (רָגַז)
and it grew numb, weak	וַיָּפָג (פוג)
heart	לֵב (לִבּוֹת)
he believed	הֶאֱמִין (אָמַן)
to carry	לָשֵׂאת (נָשָׂא)
and it revived	וַתְּחִי (חָיָה)
before	בְּטֶרֶם
I will die	אָמוּת (מות)
and he bound, harnessed up	וַיֶּאְסֹר (אָסַר)
chariot	מֶרְכָּבָה (מַרְכָּבוֹת)
and he went up	וַיַּעַל (עָלָה)
towards	לִקְרַאת
and he appeared	וַיֵּרָא (רָאָה)
and it was good	וַיִּיטַב (יָטַב)
load up!	טַעֲנוּ (טָעַן)
beasts, cattle (coll.)	בְּעִיר
the good of the land	אֶת־טוּב אֶרֶץ
fat (n.)	חֵלֶב
you have been commanded	צֻוֵּיתָה (צָוָה)
wagon	עֲגָלָה (עֲגָלוֹת)
children (coll.)	טַף (טָפַף)
it (i.e., your eye) will look upon with pity	תָּחוֹס (חוס)
vessel, tool	כְּלִי (כֵּלִים)
provision	צֵדָה (צוד)
way (f.)	דֶּרֶךְ (דְּרָכִים)
change of garment	חֲלִיפָה (חֲלִיפוֹת)
garment	שִׂמְלָה (שְׂמָלוֹת)
she-ass	אָתוֹן (אֲתוֹנוֹת)

EXPLANATORY NOTES

45:16 וְהַקּוֹל נִשְׁמַע *and the report* [literally *the voice*] *was heard.* נִשְׁמַע is Niphal perfect of שָׁמַע *to hear.* Contrast these two patterns:

Qal		*Niphal*	
שָׁמַע	he heard	נִשְׁמַע	he was heard
רָאָה	he saw	נִרְאָה	he was seen
קָרָא	he called	נִקְרָא	he was called
שָׁלַח	he sent	נִשְׁלַח	he was sent

	וַיִּיטַב	*and it was pleasing*, Qal imperfect of יָטַב, with Waw consecutive.
V. 17	אֱמֹר	*say!* Qal imperative of אָמַר. It is the same pattern as שְׁמֹר *watch!* but takes a compound shva because of the guttural א.
	עֲשׂוּ	*do!* Qal imperative (m. pl.) of עָשָׂה. It is the same pattern as בְּנוּ *build!* or רְאוּ *see!* but because of the guttural, ע takes a compound shva.
	טַעֲנוּ	*load up!* Qal imperative (m. pl.) of טָעַן *to load up*, *to burden*.
	לְכוּ־בֹאוּ	*go*, *enter!* Two Qal imperatives, the first from הָלַךְ *to go*, the second from בּוֹא *to enter*, *come into*.
V. 19	וְאַתָּה צֻוֵּיתָה	*you have been commanded*. The pronoun וְאַתָּה accompanies the verb for emphasis. צֻוֵּיתָה (for צֻוֵּיתָ) is Pual perfect of צֻוָּה. The Piel צִוָּה means *he commanded*; the Pual צֻוָּה is the passive of Piel *he was commanded.*
V. 20	וְעֵינְכֶם אַל־תָּחוֹס עַל־	*let not your eye look with pity* [*regret*] *on*. This is an idiom which means *to have compassion for*, *to pity*: עֵינִי תָּחוֹס עָלָיו *my eye looks with pity on him*, that is, *I have compassion for him.*
V. 21	עַל־פִּי פַּרְעֹה	literally *according to the mouth of Pharaoh*, that is, *at Pharaoh's command*, or *with Pharaoh's consent*. פִּי is the construct form of פֶּה *mouth.*
V. 22	כֻּלָּם	*all of them*. כֹּל can take pronominal suffixes to mean *all of*: כֻּלּוֹ all of it (m.) כֻּלָּנוּ all of us כֻּלְּכֶם all of you (m. pl.)
	שְׁלֹשׁ מֵאוֹת כֶּסֶף	*three hundred silver* [*shekels*]. שְׁלֹשׁ is construct of שָׁלוֹשׁ *three.*
V. 23	חֲמֹרִים נֹשְׂאִים מִטּוּב מִצְרָיִם	*asses bearing good things of Egypt*. נֹשְׂאִים is a Qal participle of נָשָׂא *to lift up*, *carry*. מִטּוּב means *of the good things of*. מִן *from* in this case means *some of*, *from among*.

V. 26 וַיַּגִּדוּ *and they told* (for וַיַּגִּידוּ), Hiphil perfect of נָגַד. This root occurs mainly in the Hiphil and is followed by the preposition –לְ. הִגִּיד לָהּ *he told* [*to*] *her*.

וַיָּפָג *and it grew numb*, Qal imperfect of פוּג, with Waw consecutive. Note the accent shift and the qamats qaṭan (see V. 12, Lesson 17, וַיָּנָס of נוּס).

הֶאֱמִין לְ *he believed*, Hiphil perfect of אָמַן *to be firm*. Note also הֶאֱמִין בְּ *he believed in.*

V. 27 לָשֵׂאת *to carry*, Qal Infinitive construct of נָשָׂא. Another infinitive of this pattern is לָצֵאת *to go out*, from יָצָא.

וַתְּחִי *and it revived*, Qal shortened imperfect of חָיָה *to live*, with Waw consecutive. The regular imperfect is תִּחְיֶה.

V. 28 רַב *enough!* רַב means *much*, *many*. As an exclamation it can mean *it is enough!* or *let it be enough!*

בְּטֶרֶם אָמוּת *before I die.* בְּטֶרֶם is usually followed by the imperfect: *before that I should die.*

46:29 וַיַּעַל *and he went up*, shortened Qal imperfect of עָלָה. Remember that with Waw consecutive and the imperfect, the verb is shortened wherever possible. This happens mainly in ל״ה and ע״ו verbs.

לִקְרָאת a preposition meaning *toward.* It may be used with pronominal suffixes:

לִקְרָאתוֹ	toward him
לִקְרָאתֵנוּ	toward us

וַיֵּרָא *and he appeared* (for וַיֵּרָאֶה), shortened Niphal imperfect of רָאָה *to see*, with Waw consecutive.

V. 30 אָמוּתָה הַפַּעַם *now I may die.* הַפַּעַם *this time*, *now*. The definite article is used in the same way in הַיּוֹם *this day*, i.e. *today*; הַלַּיְלָה *this night*, *tonight*. The lengthened form אָמוּתָה (instead of אָמוּת) is used as the cohortative: *let me die.*

אַחֲרֵי רְאוֹתִי *after I have seen*, literally *after my seeing.* רְאוֹתִי is the Infinitive construct of רָאָה, with pronominal suffix.

V. 31 וְאַגִּידָה *and I will tell*, Hiphil imperfect (1st s.) of נָגַד. The וְ is conjunctive only. אַגִּידָה for אַגִּיד (see 46:30).

STUDY HINTS

1. Learn the Explanatory Notes to this text well. There are some common idioms to remember, such as יָטַב בְּעֵינָיו *it pleased him*; עַל פִּיו *at his command*; עֵינוֹ תָּחוֹס עַל *he will have compassion for*.
2. There are at least ten imperative forms in the two passages of this lesson. Pick them out and analyze each one. What is its root? Is it a weak verb? What gender and number is it? If it is plural, how would you form the singular imperative, and vice versa?
3. Do Exercises A, D, G, and J orally. Check all your answers with the text, an English translation, or the Explanatory Notes (whichever source corresponds to the questions).
4. Exercise J is a passage from Genesis 46 to sight read and translate. You will find it easy to read.
5. This is your last lesson. The next few pages are a review and sample final examination.
6. Write out the answers to Exercises B, C, E, F, H, I, and K.

EXERCISES

A. Rapidly read Genesis 45:16–18.

B. Give the plural:

1. רוּחַ
2. חֲמוֹר
3. דֶּרֶךְ
4. שִׂמְלָה
5. כְּלִי
6. כֶּסֶף
7. אָתוֹן
8. דָּבָר
9. צַוָּאר
10. פַּעַם
11. בְּהֵמָה
12. עֲגָלָה
13. עַיִן
14. לֵב
15. אִשָּׁה

C. Give the root, the verb pattern, and the definition of each verb:

1. וַיִּיטַב
2. טַעֲנוּ
3. אִכְלוּ
4. נְשָׂאתֶם
5. וַיַּעֲשׂוּ
6. תִּרְגְּזוּ
7. וַיַּעֲלוּ
8. וַיָּפָג
9. הֶאֱמִין
10. לָשֵׂאת
11. וַתְּחִי
12. וְאֶרְאֶנָּה
13. אָמוּת
14. וַיֶּאְסֹר
15. וַיַּעַל
16. וַיִּפֹּל
17. וְאַגִּידָה
18. תָּחוֹס

D. Write a brief note on each of the following:

1. אַל־תָּחוֹס עֵינְכֶם
2. וְאַגִּידָה
3. וְאָמוּתָה
4. עַל־פִּי פַּרְעֹה
5. כֻּלָּם
6. בְּטֶרֶם

E. Translate into Hebrew any ten of the following:

1. It pleased Pharaoh well.
2. Load your beasts!
3. to the land of Canaan
4. the good of the land
5. for your children
6. at Pharaoh's command
7. five changes of garments
8. Joseph harnessed up his chariot.
9. on his neck
10. to his brothers
11. You are still alive.
12. she-asses bearing corn

F. Give the construct state of each word:

1. שִׂמְלָה
2. דְּרָכִים
3. צַוָּארִים
4. כֵּלִים
5. נָשִׁים
6. מַרְכָּבוֹת
7. אִשָּׁה
8. פָּנִים
9. עַיִן
10. אָתוֹן

G. Translate into English:

1. וְהַקּוֹל נִשְׁמַע בֵּית פַּרְעֹה.
2. וַיִּיטַב הַדָּבָר בְּעֵינֵי פַּרְעֹה וּבְעֵינֵי עֲבָדָיו.
3. וַיֹּאמֶר פַּרְעֹה טַעֲנוּ אֶת־בְּעִירְכֶם וּלְכוּ בֹאוּ אַרְצָה כְּנָעַן.
4. וַיֹּאמֶר פַּרְעֹה וְאַתָּה צֻוֵּיתָה קְחוּ־לָכֶם מֵאֶרֶץ מִצְרַיִם עֲגָלוֹת.
5. וַיִּתֵּן יוֹסֵף צֵדָה לַדֶּרֶךְ.
6. יוֹסֵף נָתַן לְבִנְיָמִין שְׁלֹשׁ־מֵאֹת כֶּסֶף וְחָמֵשׁ חֲלִיפוֹת שְׂמָלוֹת.
7. וַיֶּאְסֹר יוֹסֵף מֶרְכַּבְתּוֹ וַיַּעַל לִקְרַאת־יִשְׂרָאֵל אָבִיו.
8. וַיֹּאמֶר יִשְׂרָאֵל אֶל־יוֹסֵף אָמוּתָה הַפַּעַם אַחֲרֵי רְאוֹתִי אֶת־פָּנֶיךָ כִּי עוֹדְךָ חָי.

H. Translate into Hebrew with vowels:

1. Joseph went to meet Israel his father.
2. Israel said to Joseph, "Now I may die since I know that you are alive."
3. I will tell Pharaoh my brothers have come to me.
4. Take the wagons out of the land of Egypt.
5. Do not look with regret on your vessels, for the good things of Egypt are yours.
6. He gave each man changes of garments.

7. They came to the land of Canaan.
8. And Jacob's heart grew numb for he did not believe them.
9. Joseph my son is alive.
10. I will go and see Joseph.

I. Translate into Hebrew without vowels:
The children of Israel went up out of the land of Egypt and came into the land of Canaan, to Jacob their father. They told him [saying], "Joseph is still alive and is ruler over all the land of Egypt." And his heart grew numb for he did not believe them. When he saw all the wagons which Joseph had sent, Jacob's spirit revived. And Israel said, "I will go see Joseph before I die."

J. Translate the following passage from sight:
וַיָּקָם יַעֲקֹב מִבְּאֵר שֶׁבַע וַיִּשְׂאוּ בְּנֵי־יִשְׂרָאֵל אֶת־יַעֲקֹב אֲבִיהֶם וְאֶת־טַפָּם וְאֶת־נְשֵׁיהֶם בָּעֲגָלוֹת
אֲשֶׁר־שָׁלַח פַּרְעֹה לָשֵׂאת אֹתוֹ. וַיִּקְחוּ אֶת־מִקְנֵיהֶם[1] וְאֶת־רְכוּשָׁם[2] אֲשֶׁר רָכְשׁוּ[3] בְּאֶרֶץ כְּנַעַן
וַיָּבֹאוּ מִצְרָיְמָה יַעֲקֹב וְכָל־זַרְעוֹ אִתּוֹ. בָּנָיו וּבְנֵי בָנָיו אִתּוֹ בְּנֹתָיו וּבְנוֹת בָּנָיו וְכָל־זַרְעוֹ הֵבִיא
אִתּוֹ מִצְרָיְמָה.

K. Summarize Genesis 45 in Hebrew in not more than one page. You may refer to the biblical text, but try to use your own words and phrases.

WORD LIST 20

Words occurring in the Bible from 100 to 300 times

camp	מַחֲנֶה	to leave, abandon	עָזַב
rod, tribe	מַטֶּה	to turn	פָּנָה
messenger, angel	מַלְאָךְ	to gather	קָבַץ
offering	מִנְחָה	to bury	קָבַר
work, deed	מַעֲשֶׂה	to set apart, hallow	קָדַשׁ

---

[1] possessions, cattle.
[2] goods.
[3] they acquired.

Lesson Twenty-four
Review and Final Test

This is a review of all the material covered in the previous lessons. Do the test in one sitting, without referring to your notes. When you finish, check your work with any of the reference materials at your disposal. *Write the Hebrew text with vowels.*

TEST 4

A. Translate any twelve of the following sentences:

1. וַיֹּאמֶר אֱלֹהִים יְהִי רָקִיעַ בְּתוֹךְ הַמָּיִם וִיהִי מַבְדִּיל בֵּין מַיִם לָמָיִם.
2. וַיִּיצֶר אֱלֹהִים אֶת־הָאָדָם עָפָר מִן־הָאֲדָמָה וַיִּפַּח בְּאַפָּיו נִשְׁמַת חַיִּים.
3. אַל־תֹּאכַל מֵעֵץ הַדַּעַת טוֹב וָרָע כִּי בְּיוֹם אֲכָלְךָ מִמֶּנּוּ מוֹת תָּמוּת.
4. וַתִּפָּקַחְנָה עֵינֵי שְׁנֵיהֶם וַיֵּדְעוּ כִּי עֵירֻמִּים הֵם וַיִּתְפְּרוּ עֲלֵה תְאֵנָה וַיַּעֲשׂוּ לָהֶם חֲגֹרֹת.
5. וַיְחִי לֶמֶךְ אַחֲרֵי הוֹלִידוֹ אֶת־נֹחַ חָמֵשׁ וְתִשְׁעִים שָׁנָה וַחֲמֵשׁ מֵאֹת שָׁנָה וַיּוֹלֶד בָּנִים וּבָנוֹת.
6. מִכֹּל הַבְּהֵמָה הַטְּהוֹרָה תִּקַּח־לְךָ שִׁבְעָה שִׁבְעָה אִישׁ וְאִשְׁתּוֹ.
7. וַיִּסָּכְרוּ מַעְיְנֹת תְּהוֹם וַאֲרֻבֹּת הַשָּׁמַיִם וַיִּכָּלֵא הַגֶּשֶׁם מִן־הַשָּׁמָיִם.
8. וַיִּקַּח אַבְרָהָם אֶת־עֲצֵי הָעֹלָה וַיָּשֶׂם עַל־יִצְחָק בְּנוֹ וַיִּקַּח בְּיָדוֹ אֶת־הָאֵשׁ וְאֶת־הַמַּאֲכֶלֶת.
9. עַתָּה יָדַעְתִּי כִּי־יְרֵא אֱלֹהִים אַתָּה וְלֹא חָשַׂכְתָּ אֶת־בִּנְךָ אֶת־יְחִידְךָ מִמֶּנִּי.
10. וַיַּחֲלֹם וְהִנֵּה סֻלָּם מֻצָּב אַרְצָה וְרֹאשׁוֹ מַגִּיעַ הַשָּׁמָיְמָה.
11. הֲבוֹא נָבוֹא אֲנִי וְאִמְּךָ וְאַחֶיךָ לְהִשְׁתַּחֲוֹת לְךָ אַרְצָה.
12. אַל־תִּשְׁפְּכוּ־דָם הַשְׁלִיכוּ אֹתוֹ אֶל־הַבּוֹר הַזֶּה אֲשֶׁר בַּמִּדְבָּר.
13. וַיִּמְצָא יוֹסֵף חֵן בְּעֵינָיו וַיְשָׁרֶת אֹתוֹ וַיַּפְקִדֵהוּ עַל־בֵּיתוֹ וְכָל אֲשֶׁר־יֶשׁ־לוֹ נָתַן בְּיָדוֹ.
14. וַתֹּאכַלְנָה הַפָּרוֹת רָעוֹת הַמַּרְאֶה וְדַקּוֹת הַבָּשָׂר אֵת שֶׁבַע הַפָּרוֹת יְפֹת הַמַּרְאֶה וְהַבְּרִיאֹת.
15. וַיֹּאמֶר יִשְׂרָאֵל אֶל־יוֹסֵף אָמוּתָה הַפָּעַם אַחֲרֵי רְאוֹתִי אֶת־פָּנֶיךָ כִּי עוֹדְךָ חָי.

B. Give the root of each verb:

1. מָחִיתִי
2. וַיִּפֹּל
3. וַיַּנִּיחֵהוּ
4. הוֹלִידוֹ
5. וַיִּירָא
6. תְּסֻבֶּינָה
7. יַצִּילֵהוּ
8. וַיָּשָׁב
9. וַיֵּבְךְּ
10. וַיִּקְנֵהוּ

C. Give the root and exact meaning of each word:

1. וַיִּתֵּן
2. וַיִּיטַב
3. יָכְלוּ
4. יִוָּדַע
5. וַתַּעֲמֹדְנָה
6. הוֹרִידֻהוּ
7. וַיֵּשְׁבוּ
8. כִּסִּינוּ
9. תִּשְׁלְחוּ
10. וַהֲשִׁיבֹתִיךָ
11. לַעֲנוֹת
12. בְּרָאָם

D. Write the plural and translate fifteen of the following:

1. אָב
2. שָׁנָה
3. אִישׁ
4. שֵׁם
5. בּוֹר
6. בַּת
7. שִׂמְלָה
8. רֹאשׁ
9. רוּחַ
10. בַּיִת
11. דּוֹר
12. צֶלֶם
13. פְּרִי
14. חֲלוֹם
15. שָׂדֶה
16. יוֹם
17. יָם
18. לֵב
19. אוֹר
20. אִשָּׁה

E. Translate into Hebrew in one word:

1. and he saw
2. and he lived
3. and he made
4. and he built
5. he created them
6. the children of
7. and he came
8. and he took her
9. our house
10. three; thirty; third

F. Translate the following passage from sight:

וַיָּבֹא יוֹסֵף לִפְנֵי פַּרְעֹה וַיֹּאמֶר אֵלָיו: הִנֵּה אָבִי וְאַחַי וְצֹאנָם וּבְקָרָם וְכָל־אֲשֶׁר לָהֶם יָרְדוּ
מֵאֶרֶץ כְּנַעַן לָגוּר בְּמִצְרַיִם כִּי כָּבֵד הָרָעָב שָׁם. וַיֹּאמֶר פַּרְעֹה אֶל־אַחֵי יוֹסֵף: מַה־מַּעֲשֵׂיכֶם[1]
וַיֹּאמְרוּ אֶל־פַּרְעֹה רֹעֵי[2] צֹאן עֲבָדֶיךָ, גַּם־אֲנַחְנוּ גַּם־אֲבוֹתֵינוּ. וַיֹּאמֶר פַּרְעֹה אֶל־יוֹסֵף לֵאמֹר:

[1] your deeds (מַעֲשֶׂה).
[2] shepherds of (רֹעֶה).

אֶרֶץ מִצְרַיִם לְפָנֶיךָ הִיא. גַּם אָבִיךָ וְגַם אַחֶיךָ יֵשְׁבוּ בָּאָרֶץ הַזּאת. וַיָּבֵא יוֹסֵף אֶת־יַעֲקֹב אָבִיו לִפְנֵי פַּרְעֹה וַיְבָרֶךְ יַעֲקֹב אֶת־הַמֶּלֶךְ. וַיֹּאמֶר פַּרְעֹה: כַּמָּה יְמֵי חַיֶּיךָ, וַיֹּאמֶר יַעֲקֹב: יְמֵי חַיַּי שְׁלֹשִׁים וּמְאַת שָׁנָה.

G. Translate at least fifteen of the following words:

1. טָמֵא
2. זָבַח
3. בִּקֵּשׁ
4. בָּטַח
5. דָּרַשׁ
6. נִלְחַם
7. חָשַׁב
8. שָׁתָה
9. הוֹשִׁיעַ
10. כָּרַת
11. גְּבוּל
12. אֲרוֹן
13. מִלְחָמָה
14. בְּרִית
15. נֶפֶשׁ
16. עָרוֹם
17. פָּנִים
18. בְּהֵמוֹת
19. לֵילוֹת
20. אֲבָנִים

H. Translate into Hebrew:

1. And God said, Let there be light in the heaven.
2. Adam was ninety-five years old.
3. It is not good for man to be alone.
4. He sat down to eat bread with his brothers.
5. He left[1] his garments in her hands.
6. Joseph dreamed another dream and told it to his father.
7. And they cast[2] Joseph into the pit and the pit was empty.
8. The thin cows swallowed up[3] the seven good cows.
9. Seven years of great plenty[4] are coming in all the land of Egypt.
10. Let me die, this time. I have seen the face of my son.

I. Summarize one of the following stories in Hebrew in not more than one page, using your own words and phrases:

1. The flood
2. The binding of Isaac
3. Joseph and his brethren
4. Pharaoh's dreams

---

[1] עָזַב.
[2] הִשְׁלִיכוּ.
[3] בָּלְעוּ.
[4] שָׂבָע.

Appendix One
The Seven Verb Patterns

In Hebrew, there are seven verb patterns שִׁבְעַת הַבִּנְיָנִים (sometimes called conjugations).

QAL קַל

The most frequently used verb pattern is the Qal קַל, also known as פָּעַל. It expresses the simple or basic action of the root in the active voice; e.g., יָשַׁב *he sat*; אָכַל *he ate*; הָלַךְ *he went*; אָמַר *he said*.

NIPHAL נִפְעַל

1. The Niphal expresses the passive of the Qal:

Qal		Niphal	
רָאָה	he saw	נִרְאָה	he was seen, he appeared
שָׁלַח	he sent	נִשְׁלַח	he was sent

2. The Niphal sometimes expresses a reflexive action:

שָׁמַר	he guarded	נִשְׁמַר	he was guarded (*but also* he guarded himself).

3. Several verbs in the Niphal correspond to active verbs in English, i.e., נִלְחַם *he fought*; נִשְׁבַּע *he swore*.

PIEL פִּעֵל

The Piel is also known as כָּבֵד *heavy*.

1. It usually expresses an intensive or intentional action:

Qal		*Piel*	
שָׁבַר	he broke	שִׁבֵּר	he broke to pieces, he smashed
שָׁלַח	he sent	שִׁלֵּחַ	he sent away, he expelled

2. Sometimes the Piel is used to introduce a new meaning to the Qal:

Qal		*Piel*	
סָפַר	he counted	סִפֵּר	he recounted, he told
שָׁלַם	he completed	שִׁלֵּם	he paid
לָמַד	he learned	לִמֵּד	he taught

3. It may also express a repeated or extended action:

Qal		*Piel*	
קָפַץ	he jumped	קִפֵּץ	he skipped, hopped

4. Some intransitive verbs in Qal become transitive in Piel:

Qal		*Piel*	
חָזַק	to be strong	חִזֵּק	to strengthen, fortify
גָּדַל	to become great	גִּדֵּל	to make great

5. Some verbs, although Piel in form, possess a Qal or "simple" meaning: דִּבֵּר *he spoke*; בֵּרֵךְ *he blessed*. Verbs of this type often lack a Qal form.

PUAL פֻּעַל

The Pual expresses the passive of the Piel:

Piel		*Pual*	
שִׁבֵּר	he smashed	שֻׁבַּר	it was smashed
סִפֵּר	he told	סֻפַּר	it was told

The Pual is rarely used.

HIPHIL הִפְעִיל

1. This form is sometimes called causative because it usually expresses the causative action of the Qal:

Qal		*Hiphil*	
אָכַל	he ate	הֶאֱכִיל	he caused to eat, he fed
בָּא	he came	הֵבִיא	he caused to come, he brought

קוּם	to get up, to rise	הֵקִים	he raised, he lifted up
אָמוּת	I shall die	אָמִית	I shall cause to die, I shall kill
מָלַךְ	he reigned	הִמְלִיךְ	he made king, he crowned

2. The Hiphil is often used to form verbs from nouns or adjectives:

Noun or Adjective		*Hiphil*	
אֹזֶן	ear	הֶאֱזִין	to listen (lend an ear)
רָחוֹק	far	הִרְחִיק	to remove oneself, put far away

3. Some "simple" verbs are found in Hiphil:

הֶשְׁמִיד	he destroyed
הִשְׁכִּים	he got up early
הִשְׁלִיךְ	he cast
הִגִּיד	he told

HOPHAL הָפְעַל

The Hophal expresses the passive of the Hiphil:

Hiphil		*Hophal*	
הִגִּיד	he told	הֻגַּד	it was told
הִשְׁלַכְתִּי	I threw	הָשְׁלַכְתִּי	I was thrown

The Hophal, like the Pual, is rarely used.

HITHPAEL הִתְפַּעֵל

1. The Hithpael primarily expresses a reflexive action of the Qal or Piel:

Qal or Piel		*Hithpael*	
לָבַשׁ	he wore	הִתְלַבֵּשׁ	he dressed himself
רָחַץ	he washed	הִתְרַחֵץ	he washed himself, he bathed
נָפַל	he fell	הִתְנַפֵּל	he flung himself, he fell upon, he attacked
מָכַר	he sold	הִתְמַכֵּר	he sold himself, he devoted himself

2. It also expresses a reciprocal action:

Qal		*Hithpael*	
לָחֲשׁוּ	they whispered	הִתְלַחֲשׁוּ	they whispered to one another
רָאוּ	they saw	הִתְרָאוּ	they looked upon one another

3. Some verbs in the Hithpael are translated as a simple action. The reflexive action is understood:

הִתְפַּלֵּל	he prayed (he himself did this action)
הִתְאַבֵּל	he mourned
הִתְרַגֵּז	he became angry

CONJUGATIONS OF THE SEVEN PATTERNS OF THE REGULAR (STRONG) VERBS

1. QAL קָטַל *to kill*

Perfect (Past): קָטַלְתִּי *I killed*, etc.

קָטַלְתִּי, קָטַלְתָּ , קָטַלְתְּ, קָטַל, קָטְלָה
קָטַלְנוּ, קְטַלְתֶּם, קְטַלְתֶּן, קָטְלוּ, קָטְלוּ

Imperfect (Future): אֶקְטֹל *I shall kill*, etc.

אֶקְטֹל, תִּקְטֹל, תִּקְטְלִי, יִקְטֹל, תִּקְטֹל
נִקְטֹל, תִּקְטְלוּ, תִּקְטֹלְנָה, יִקְטְלוּ, תִּקְטֹלְנָה

Imperative: קְטֹל *kill!*

קְטֹל, קִטְלִי, קִטְלוּ, קְטֹלְנָה

Participle: Active—*killing*; Passive—*being killed*

Active קֹטֵל, קֹטֶלֶת, קֹטְלִים, קֹטְלוֹת
Passive קָטוּל, קְטוּלָה, קְטוּלִים, קְטוּלוֹת

Infinitive Absolute: קָטוֹל *to kill*
Infinitive Construct: קְטֹל *to kill*

2. NIPHAL נִקְטַל *to be killed*

Perfect (Past): נִקְטַלְתִּי *I was killed*, etc.

נִקְטַלְתִּי, נִקְטַלְתָּ, נִקְטַלְתְּ, נִקְטַל, נִקְטְלָה
נִקְטַלְנוּ, נִקְטַלְתֶּם, נִקְטַלְתֶּן, נִקְטְלוּ, נִקְטְלוּ

Imperfect (Future): אֶקָּטֵל *I shall be killed*, etc.

אֶקָּטֵל, תִּקָּטֵל, תִּקָּטְלִי, יִקָּטֵל, תִּקָּטֵל
נִקָּטֵל, תִּקָּטְלוּ, תִּקָּטַלְנָה, יִקָּטְלוּ, תִּקָּטַלְנָה

Imperative: הִקָּטֵל *be killed!*

הִקָּטֵל, הִקָּטְלִי, הִקָּטְלוּ, הִקָּטַלְנָה

Participle: נִקְטָל *being killed*

נִקְטָל, נִקְטָלָה (נִקְטֶלֶת), נִקְטָלִים, נִקְטָלוֹת

Infinitive Absolute: נִקְטֹל *to be killed*
Infinitive Construct: הִקָּטֵל *to be killed*

3. PIEL קִטֵּל *to kill violently* or *to slay*
Perfect (Past): קִטַּלְתִּי *I slew*, etc.

קִטַּלְתִּי, קִטַּלְתָּ, קִטַּלְתְּ, קִטֵּל, קִטְּלָה
קִטַּלְנוּ, קִטַּלְתֶּם, קִטַּלְתֶּן, קִטְּלוּ, קִטְּלוּ

Imperfect (Future): אֲקַטֵּל *I shall slay*, etc.

אֲקַטֵּל, תְּקַטֵּל, תְּקַטְּלִי, יְקַטֵּל, תְּקַטֵּל
נְקַטֵּל, תְּקַטְּלוּ, תְּקַטֵּלְנָה, יְקַטְּלוּ, תְּקַטֵּלְנָה

Imperative: קַטֵּל *slay!*

קַטֵּל, קַטְּלִי, קַטְּלוּ, קַטֵּלְנָה

Participle: מְקַטֵּל *slaying*

מְקַטֵּל, מְקַטֶּלֶת (מְקַטְּלָה), מְקַטְּלִים, מְקַטְּלוֹת

Infinitive Absolute: קַטֹּל *to slay*
Infinitive Construct: קַטֵּל *to slay*

4. PUAL קֻטַּל *to be slain*
Perfect (Past): קֻטַּלְתִּי *I was slain*, etc.

קֻטַּלְתִּי, קֻטַּלְתָּ, קֻטַּלְתְּ, קֻטַּל, קֻטְּלָה
קֻטַּלְנוּ, קֻטַּלְתֶּם, קֻטַּלְתֶּן, קֻטְּלוּ, קֻטְּלוּ

Imperfect (Future): אֲקֻטַּל *I shall be slain*, etc.

אֲקֻטַּל, תְּקֻטַּל, תְּקֻטְּלִי, יְקֻטַּל, תְּקֻטַּל
נְקֻטַּל, תְּקֻטְּלוּ, תְּקֻטַּלְנָה, יְקֻטְּלוּ, תְּקֻטַּלְנָה

Participle: מְקֻטָּל *being slain*
Imperative: Not used.
Infinitive Absolute: קֻטֹּל *to be slain*
Infinitive Construct: Not used.

5. HIPHIL הִקְטִיל *to cause to kill*, i.e., *to murder*
Perfect (Past): הִקְטַלְתִּי *I murdered*, etc.

הִקְטַלְתִּי, הִקְטַלְתָּ, הִקְטַלְתְּ, הִקְטִיל, הִקְטִילָה
הִקְטַלְנוּ, הִקְטַלְתֶּם, הִקְטַלְתֶּן, הִקְטִילוּ, הִקְטִילוּ

Imperfect (Future): אַקְטִיל *I shall murder*, etc.

אַקְטִיל, תַּקְטִיל, תַּקְטִילִי, יַקְטִיל, תַּקְטִיל
נַקְטִיל, תַּקְטִילוּ, תַּקְטֵלְנָה, יַקְטִילוּ, תַּקְטֵלְנָה

Imperative: הַקְטֵל *murder!*

הַקְטֵל, הַקְטִילִי, הַקְטִילוּ, הַקְטֵלְנָה

Participle: מַקְטִיל *murdering*

מַקְטִיל, מַקְטִילָה, מַקְטִילִים, מַקְטִילוֹת

Infinitive Absolute: הַקְטֵל *to murder*
Infinitive Construct: הַקְטִיל *to murder*

6. HOPHAL הָקְטַל *to cause to be killed*, i.e., *to be murdered*
Perfect (Past): הָקְטַלְתִּי *I was murdered*, etc.

הָקְטַלְתִּי, הָקְטַלְתָּ, הָקְטַלְתְּ, הָקְטַל, הָקְטְלָה
הָקְטַלְנוּ, הָקְטַלְתֶּם, הָקְטַלְתֶּן, הָקְטְלוּ, הָקְטְלוּ

Imperfect (Future): אָקְטַל *I shall be murdered*, etc.

אָקְטַל, תָּקְטַל, תָּקְטְלִי, יָקְטַל, תָּקְטַל
נָקְטַל, תָּקְטְלוּ, תָּקְטַלְנָה, יָקְטְלוּ, תָּקְטַלְנָה

Participle: מָקְטָל *being murdered*

מָקְטָל, מָקְטֶלֶת (מָקְטָלָה), מָקְטָלִים, מָקְטָלוֹת

Imperative: Not used.
Infinitive Absolute: הָקְטֵל *to cause to murder*
Infinitive Construct: Not used.

7. HITHPAEL הִתְקַטֵּל *to kill oneself*
Perfect (Past): הִתְקַטַּלְתִּי *I killed myself*, etc.

הִתְקַטַּלְתִּי, הִתְקַטַּלְתָּ, הִתְקַטַּלְתְּ, הִתְקַטֵּל, הִתְקַטְּלָה
הִתְקַטַּלְנוּ, הִתְקַטַּלְתֶּם, הִתְקַטַּלְתֶּן, הִתְקַטְּלוּ, הִתְקַטְּלוּ

Imperfect (Future): אֶתְקַטֵּל *I shall kill myself*, etc.

אֶתְקַטֵּל, תִּתְקַטֵּל, תִּתְקַטְּלִי, יִתְקַטֵּל, תִּתְקַטֵּל

נִתְקַטֵּל, תִּתְקַטְּלוּ, תִּתְקַטֵּלְנָה, יִתְקַטְּלוּ, תִּתְקַטֵּלְנָה

Imperative: הִתְקַטֵּל *kill yourself!*

הִתְקַטֵּל, הִתְקַטְּלִי, הִתְקַטְּלוּ, הִתְקַטֵּלְנָה

Participle: מִתְקַטֵּל *killing oneself*

מִתְקַטֵּל, מִתְקַטֶּלֶת (מִתְקַטְּלָה) , מִתְקַטְּלִים, מִתְקַטְּלוֹת

Infinitive Absolute: הִתְקַטֵּל *to kill oneself*

Infinitive Construct: הִתְקַטֵּל *to kill oneself*

Bronze Assyrian statuette found at Tello (ancient Lagash), near Ur, Abraham's birthplace.

Appendix Two
Plurals of Some Nouns Used

	Singular	*Plural*			
father	אָב	אָבוֹת	day	יוֹם	יָמִים
mother	אֵם	אִמּוֹת	hand (f.)	יָד	יָדַיִם
light (m.)	אוֹר	אוֹרוֹת	sea	יָם	יַמִּים
sign	אוֹת	אוֹתוֹת	child	יֶלֶד	יְלָדִים
ram	אַיִל	אֵילִים	vessel	כְּלִי	כֵּלִים
man	אִישׁ	אֲנָשִׁים	heart (m.)	לֵב	לִבּוֹת
nose, nostrils (m.)	אַף	אַפַּיִם	night (m.)	לַיְלָה	לֵילוֹת
woman	אִשָּׁה	נָשִׁים	light (m.)	מָאוֹר	מְאוֹרוֹת
brother	אָח	אַחִים	altar (m.)	מִזְבֵּחַ	מִזְבְּחוֹת
sister	אָחוֹת	אֲחָיוֹת	king	מֶלֶךְ	מְלָכִים
land (f.)	אֶרֶץ	אֲרָצוֹת	fountain (m.)	מַעְיָן	מַעְיָנוֹת
son	בֵּן	בָּנִים	work	מַעֲשֶׂה	מַעֲשִׂים
daughter	בַּת	בָּנוֹת	place (m.)	מָקוֹם	מְקוֹמוֹת
house	בַּיִת	בָּתִּים	boy	נַעַר	נְעָרִים
camel	גָּמָל	גְּמַלִּים	soul (f.)	נֶפֶשׁ	נְפָשׁוֹת
generation (m.)	דּוֹר	דּוֹרוֹת	book	סֵפֶר	סְפָרִים
mountain	הַר	הָרִים	slave	עֶבֶד	עֲבָדִים
month	חֹדֶשׁ	חֳדָשִׁים	fowl	עוֹף	עוֹפוֹת
sin	חֵטְא	חֲטָאִים	goat (f.)	עֵז	עִזִּים
dream (m.)	חֲלוֹם	חֲלוֹמוֹת	eye (f.)	עַיִן	עֵינַיִם
window	חַלּוֹן	חַלּוֹנוֹת	leaf (m.)	עָלֶה	עָלִים
magician	חַרְטֹם	חַרְטֻמִּים	city (f.)	עִיר	עָרִים

people	עַם	עַמִּים	spirit (f.)	רוּחַ	רוּחוֹת
tree, wood	עֵץ	עֵצִים	friend	רֵעַ	רֵעִים
bone	עֶצֶם	עֲצָמוֹת	field (m.)	שָׂדֶה	שָׂדוֹת
fruit (m.)	פְּרִי	פֵּרוֹת	garment	שִׂמְלָה	שְׂמָלוֹת
neck	צַוָּאר	צַוָּארִים	lip (f.)	שָׂפָה	שְׂפָתַיִם
rib	צֵלָע	צְלָעוֹת	language, shore	שָׂפָה	שָׂפוֹת
voice (m.)	קוֹל	קוֹלוֹת	name (m.)	שֵׁם	שֵׁמוֹת
head	רֹאשׁ	רָאשִׁים	year (f.)	שָׁנָה	שָׁנִים
foot (f.)	רֶגֶל	רַגְלַיִם	gate	שַׁעַר	שְׁעָרִים

Sumerian cuneiform tablets dating to ca. 2000 B.C.

Appendix Three
Some Verb Forms Used*

English	*Verb Pattern*	*Perfect*	*Imperfect*	*Imperfect with Waw Consecutive*
eat	Qal	אָכַל	יֹאכַל	וַיֹּאכַל
grasp	Qal	אָחַז	יֹאחַז	וַיֹּאחַז
say	Qal	אָמַר	יֹאמַר	וַיֹּאמֶר
come	Qal	בָּא (בּוֹא)	יָבֹא	וַיָּבֹא
cry	Qal	בָּכָה	יִבְכֶּה	וַיֵּבְךְּ
build	Qal	בָּנָה	יִבְנֶה	וַיִּבֶן
cut	Piel	בִּקַּע	יְבַקַּע	וַיְבַקַּע
create	Qal	בָּרָא	יִבְרָא	וַיִּבְרָא
bless	Piel	בֵּרֵךְ	יְבָרֵךְ	וַיְבָרֶךְ
speak	Piel	דִּבֵּר	יְדַבֵּר	וַיְדַבֵּר
light	Hiphil	הֵאִיר (אוֹר)	יָאִיר	וַיָּאֶר
divide	Hiphil	הִבְדִּיל (בָּדַל)	יַבְדִּיל	וַיַּבְדֵּל
bring	Hiphil	הֵבִיא (בּוֹא)	יָבִיא	וַיָּבֵא
tell	Hiphil	הִגִּיד (נָגַד)	יַגִּיד	וַיַּגֵּד
add	Hiphil	הוֹסִיף (יָסַף)	יוֹסִיף	וַיּוֹסֶף
be	Qal	הָיָה	יִהְיֶה	וַיְהִי
recognize	Hiphil	הִכִּיר (נָכַר)	יַכִּיר	וַיַּכֵּר
go	Qal	הָלַךְ	יֵלֵךְ	וַיֵּלֶךְ
give rest	Hiphil	הֵנִיחַ (נוּחַ)	יָנִיחַ	וַיָּנַח

*All verb forms are in the third-person masculine singular.

English	*Verb Pattern*	*Perfect*	*Imperfect*	*Imperfect with Waw Consecutive*
water	Hiphil	הִשְׁקָה	יַשְׁקֶה	וַיַּשְׁקְ
hide oneself	Hithpael	הִתְחַבֵּא	יִתְחַבֵּא	וַיִּתְחַבֵּא
saddle	Qal	חָבַשׁ	יַחֲבוֹשׁ	וַיַּחֲבשׁ
live	Qal	חָיָה	יִחְיֶה	וַיְחִי
be gracious	Qal	חָנַן	יָחֹן	וַיָּחָן
go out	Qal	יָצָא	יֵצֵא	וַיֵּצֵא
awake	Qal	יָקַץ	יִיקַץ	וַיִּיקַץ
fear	Qal	יָרֵא	יִירָא	וַיִּירָא
go down	Qal	יָרַד	יֵרֵד	וַיֵּרֶד
possess	Qal	יָרַשׁ	יִירַשׁ	וַיִּירַשׁ
dwell, sit	Qal	יָשַׁב	יֵשֵׁב	וַיֵּשֶׁב
sleep	Qal	יָשַׁן	יִישַׁן	וַיִּישַׁן
finish	Piel	כִּלָּה	יְכַלֶּה	וַיְכַל
cover	Piel	כִּסָּה	יְכַסֶּה	וַיְכַס
lodge	Qal	לָן (לוּן)	יָלִין	וַיָּלֶן
take	Qal	לָקַח	יִקַּח	וַיִּקַּח
die	Qal	מֵת (מוּת)	יָמוּת	וַיָּמָת
touch	Qal	נָגַע	יִגַּע	וַיִּגַּע
vow	Qal	נָדַר	יִדֹּר	וַיִּדַּר
plant	Qal	נָטַע	יִטַּע	וַיִּטַּע
be closed	Niphal	נִכְלָא	יִכָּלֵא	וַיִּכָּלֵא
flee	Qal	נָס (נוּס)	יָנוּס	וַיָּנָס
be stopped up	Niphal	נִסְכָּר	יִסָּכֵר	וַיִּסָּכֵר
lift up, carry	Qal	נָשָׂא	יִשָּׂא	וַיִּשָּׂא
kiss	Piel	נִשֵּׁק	יְנַשֵּׁק	וַיְנַשֵּׁק
breathe	Qal	נָפַח	יִפַּח	וַיִּפַּח
give	Qal	נָתַן	יִתֵּן	וַיִּתֵּן
turn	Qal	סָבַב	יָסֹב	וַיָּסָב
go up	Qal	עָלָה	יַעֲלֶה	וַיַּעַל
make	Qal	עָשָׂה	יַעֲשֶׂה	וַיַּעַשׂ
open	Qal	פָּתַח	יִפְתַּח	וַיִּפְתַּח

English	Verb Pattern	Perfect	Imperfect	Imperfect with Waw Consecutive
command	Piel	צִוָּה	יְצַוֶּה	וַיְצַו
arise, get up	Qal	קָם (קוּם)	יָקוּם	וַיָּקָם
see	Qal	רָאָה	יִרְאֶה	וַיַּרְא
wash	Qal	רָחַץ	יִרְחַץ	וַיִּרְחַץ
return	Qal	שָׁב (שׁוּב)	יָשׁוּב	וַיָּשָׁב
subside	Qal	שָׁכַךְ	יָשֹׁךְ	וַיָּשֹׁךְ
send	Piel	שִׁלַּח	יְשַׁלַּח	וַיְשַׁלַּח
put	Qal	שָׂם (שִׂים)	יָשִׂים	וַיָּשֶׂם
serve	Piel	שֵׁרֵת	יְשָׁרֵת	וַיְשָׁרֶת
drink	Qal	שָׁתָה	יִשְׁתֶּה	וַיֵּשְׁתְּ

N.B. To form the third-person feminine singular or the second-person masculine singular of the imperfect, substitute the prefix ת– for the prefix י–: יֵשֵׁב *he will sit*, but תֵּשֵׁב *she will sit, you* [m. s.] *will sit*. Similarly substitute נ– for י– to obtain the first-person plural masculine or feminine: נֵשֵׁב *we shall sit*.

Sheepherding is conducted today much as in the patriarchal period.

Appendix Four
Hebrew-English Vocabulary

The words in this section are listed according to the Hebrew alphabet. Nouns, adjectives, and other parts of speech are listed by first letters, and verbs are listed by their root and in the perfect third-person masculine singular. For example, *to appoint* לְהַפְקִיד is listed under פקד (the root) and under הִפְקִיד (perfect 3d m. s.). The exception to this is Qal ע״ו verbs, which are listed by root only; e.g., *to come* לָבוֹא is listed under בּוֹא (root). The Hebrew words in parentheses are the plural of nouns or the root of verbs.

א

father	אָב (אָבוֹת)
to mourn	הִתְאַבֵּל (אבל)
Abraham	אַבְרָהָם
mist, vapor	אֵד
lord	אָדוֹן (אֲדוֹנִים)
Adam, man	אָדָם
earth, soil	אֲדָמָה
to love	אָהַב
to light	הֵאִיר (אוֹר)
light (n.)	אוֹר (אוֹרוֹת)
sign	אוֹת (אוֹתוֹת)
one (m.)	אֶחָד (אֲחָדִים)
brother	אָח (אַחִים)
reed grass	אָחוּ
to hold, grasp	אָחַז
after	אַחַר
other, another	אַחֵר
one (f.)	אַחַת
where?	אַיֵּה
ram	אַיִל (אֵילִים)
there is not	אַיִן
man	אִישׁ (אֲנָשִׁים)
to eat	אָכַל
your eating	אֲכָלְכֶם (אָכַל)
indeed	אָכֵן
do not! (adverb of negation)	אַל
God	אֱלֹהִים

אִלֵּם	to bind sheaves
אֲלֻמָּה	sheaf
הֶאֱמִין (אמן)	to believe
אָמַר	to say
אָנָה	where?
אֲסִירִים	prisoners
אָסַר	bind, harness
אַף	nose, anger
אַף	also, besides
אַפַּיִם	nostrils
אפק, הִתְאַפֵּק	to restrain oneself
אֵצֶל	with, near
אֲרֻבָּה	chimney, window
אַרְבָּעָה	four (m.)
אַרְבָּעִים	forty
אֹרְחָה	caravan
אֶרֶץ (אֲרָצוֹת)	earth, land
אֲרָרָט	Mt. Ararat
אֵשׁ	fire
אִשָּׁה (נָשִׁים)	woman
אֲשֶׁר	that, which
אָתוֹן (אֲתוֹנוֹת)	she-ass

ב

בְּאֵר שֶׁבַע	Beer-sheba
בֶּגֶד (בְּגָדִים)	garment
בִּגְלַל	because of
בדל, הִבְדִּיל	to divide
בֹּהוּ	void
בהל, נִבְהַל	to be frightened
בְּהֵמָה	cattle, animals
בּוֹא	to come
הֵבִיא	to bring
בּוֹר	pit
בְּטֶרֶם	before
בִּי	I pray (particle of entreaty)
בִּי אֲדוֹנִי	pray, my Lord!
בֵּין	between, among
בַּיִת (בָּתִּים)	house
בֵּית־אֵל	Bethel (House of God)
בֵּית־סֹהַר	prison
בָּכָה	to weep
בְּכוֹר	first-born
בְּכִי	weeping (n.)
בְּכֹרָה	birthright
בִּלְהָה	Bilhah
בָּלַע	to swallow
בֵּן (בָּנִים)	son
בָּנָה	to build
בֶּן־זְקֻנִים	son of old age
בְּעִיר	beasts, cattle
בֶּצַע	profit
בָּקַע	to split
בֹּקֶר	morning
בָּקָר	cattle, herds
בְּקֶרֶב	in the midst of
בִּקֵּשׁ	to seek, request
בָּר	corn
בָּרָא	to create
בְּרֵאשִׁית	in the beginning
בָּרִיא	healthy
בֵּרֵךְ	to bless

daughter	בַּת (בָּנוֹת)
in the midst, inside	בְּתוֹךְ
blessing	בְּרָכָה (בְּרָכוֹת)
flesh	בָּשָׂר

ג

garden	גַּן
a garden in Eden; Paradise	גַּן־בְּעֵדֶן
to scold, rebuke	גָּעַר
rain	גֶּשֶׁם
great, large, mighty	גָּדוֹל
nation	גּוֹי
to live, dwell	גּוּר
to shave	גִּלֵּחַ
camel	גָּמָל (גְּמַלִּים)

ד

knowledge	דַּעַת
thin	דַּק (דַקָּק)
way	דֶּרֶךְ (דְּרָכִים)
evil report	דִּבָּה
thing, word	דָּבָר
to speak	דִּבֵּר
generation	דּוֹר (דּוֹרוֹת)

ה

going (infinitive)	הָלוֹךְ (הָלַךְ)
to go	הָלַךְ
to go about, around	הִתְהַלֵּךְ
behold! lo!	הִנֵּה
to give rest, to place	הֵנִיחַ (נוּחַ)
here I am, behold me	הִנְנִי
to make pass, to bring over	הֶעֱבִיר (עבר)
this time	הַפַּעַם (פַּעַם)
to appoint	הִפְקִיד (פקד)
to strip off	הִפְשִׁיט (פשט)
to light	הֵאִיר (אור)
to believe	הֶאֱמִין (אמן)
to divide	הִבְדִּיל (בדל)
to bring	הֵבִיא (בוא)
to tell	הִגִּיד (נגד)
to increase, add	הוֹסִיף (יסף)
to bring out	הוֹצִיא (יצא)
to bring down	הוֹרִיד (ירד)
to be brought down	הוּרַד (ירד)
to mention, remind	הִזְכִּיר (זכר)
to be	הָיָה
being (infinitive)	הֱיוֹת (הָיָה)
to recognize	הִכִּיר (נכר)

הִצְלִיחַ (צלח)	to succeed, make prosper
הַר (הָרִים)	mountain
הֶרְאָה (ראה)	to show
הִרְבָּה (רבה)	to increase
הֵרִים (רום)	to raise
הֵרִיץ (רוץ)	to make run, to hurry
הִשִּׁיא (נשׂא)	to deceive
הֵשִׁיב (שׁוב)	to restore
הִשְׁכִּים (שׁכם)	to rise early
הִשְׁלִיךְ (שׁלך)	to cast
הִשְׁקָה (שׁקה)	to water, give drink
הִשְׁתַּחֲוָה (שׁחה)	to bow down
הִתְאַפֵּק (אפק)	to restrain oneself
הִתְבָּרֵךְ (ברך)	to be blessed
הִתְהַלֵּךְ (הלך)	to go about, around
הִתְוַדַּע (ידע)	to make oneself known
הִתְחַבֵּא (חבא)	to hide oneself

ז

זֹאת	this (f.)
זֶה	this (m.)
זָכָר	male
זָכַר	to remember
הִזְכִּיר	to remind, mention
זִלְפָּה	Zilpah
זָקֵן	old
זֶרַע	seed

ח

חבא, הִתְחַבֵּא	to hide oneself
חָבַשׁ	to saddle
חֲגוֹרָה (חֲגוֹרוֹת)	apron, girdle
חֶדֶר (חֲדָרִים)	room, chamber
חֹדֶשׁ (חֳדָשִׁים)	month
חוֹל	sand
חוּס	to have pity, to look with regret
חוּץ	outside
חָזָק	strong
חָטָא	to sin
חֵטְא (חֲטָאִים)	sin
חַי	alive
חָיָה	to live
הֶחֱיָה, חִיָּה	to keep alive
חַיָּה (חַיּוֹת)	animal, beast
חַיִּים	life
חָכָם (חֲכָמִים)	wise
חֵלֶב	fat (n.)
חֲלוֹם (חֲלוֹמוֹת)	dream (m.)
חַלּוֹן (חַלּוֹנוֹת)	window (m.)
חֲלִיפָה	change
חָלַם	to dream
חִלֵּף	to change
חֲמוֹר (חֲמוֹרִים)	ass, donkey
חֲמִשִּׁים	fifty

plowing חָרִישׁ
Haran (place name) חָרָן
to spare, withhold חָשַׂךְ
darkness חֹשֶׁךְ
to be gracious חָנַן
kindness חֶסֶד
to be absent, to lack חָסֵר
to burn, be hot חָרָה
magician חַרְטֹם (חַרְטֻמִּים)

ט

to load טָעַן
children טַף
not yet, before טֶרֶם
to tear prey טָרַף
bodyguard טַבָּח (טַבָּחִים)
to dip טָבַל
pure, clean טָהוֹר
good טוֹב
good things, goodness טוּב

י

to go out יָצָא
    going out, forth יָצוֹא
    to take out הוֹצִיא
to hold a position, to stand יצב, הִתְיַצֵּב
Isaac יִצְחָק
to pour יָצַק
to form יָצַר
living substance יְקוּם
to awake יָקַץ
to fear יָרֵא
to come down יָרַד
    to bring down הוֹרִיד
moon יָרֵחַ
to inherit, possess יָרַשׁ
    to be disinherited נוֹרַשׁ
to sit יָשַׁב
to sleep יָשֵׁן
Nile River, river יְאוֹר (יְאֹרִים)
to dry up, be dry יָבֵשׁ
drying of יְבֹשֶׁת (יָבֵשׁ)
to know יָדַע
    to reveal oneself הִתְוַדַּע
let there be יְהִי (הָיָה)
day יוֹם (יָמִים)
dove, pigeon יוֹנָה
Joseph יוֹסֵף
together יַחַד, יַחְדָּו
single, only יָחִיד
to be good, pleasing יָטַב
to be able יָכֹל
sea, west יָם (יַמִּים)
to add יָסַף
    to add הוֹסִיף
because יַעַן
Jacob יַעֲקֹב
beautiful יָפֶה

כ

heavy, grievous	כָּבֵד
glory, honor	כָּבוֹד
star	כּוֹכָב (כּוֹכָבִים)
to sustain	כּוּל, כִּלְכֵּל
that, because	כִּי
all	כֹּל
to close, lock, imprison	כָּלָא
to consume	כָּלָה
vessel, tool	כְּלִי (כֵּלִים)
to sustain	כִּלְכֵּל (כּוּל)
all of them	כֻּלָּם
thus, so	כֵּן
office	כֵּן, כַּן
meet for him, as against him	כְּנֶגְדּוֹ
Canaan	כְּנַעַן
to cover	כִּסָּה
silver	כֶּסֶף (כְּסָפִים)
sole of the foot	כַּף רֶגֶל
shirt, cloak	כְּתֹנֶת, כֻּתֹּנֶת

ל

no, not	לֹא
saying (infinitive)	לֵאמֹר (אָמַר)
heart	לֵב (לִבּוֹת)
separately, alone	לְבַד
that . . . not	לְבִלְתִּי
to wear	לָבַשׁ
Luz (place name)	לוּז
to spend the night	לוּן
bread	לֶחֶם
myrrh	לֹט
night	לַיְלָה (לֵילוֹת)
go! (imperative)	לֵךְ (הָלַךְ)
to go (infinitive)	לָלֶכֶת (הָלַךְ)
before	לִפְנֵי
to go out (infinitive)	לָצֵאת (יָצָא)
to take	לָקַח
toward	לִקְרַאת
to lift up, carry (infinitive)	לָשֵׂאת (נָשָׂא)
to sit (infinitive)	לָשֶׁבֶת (יָשַׁב)
to give (infinitive)	לָתֵת (נָתַן)

מ

very	מְאֹד
hundred	מֵאָה (מֵאוֹת)
anything, something	מְאוּמָה
light	מָאוֹר (מְאוֹרוֹת)
food	מַאֲכָל (אָכַל)
knife	מַאֲכֶלֶת
to refuse	מֵאֵן
flood	מַבּוּל
temporary abode, sojourn	מָגוֹר (מְגוּרִים)
what?	מָה
to hurry	מִהֵר

season, appointed time *or* place	מוֹעֵד (מוֹעֲדִים)
to die	מוּת
altar	מִזְבֵּחַ (מִזְבְּחוֹת)
food	מָזוֹן
to blot out	מָחָה
preservation of life	מִחְיָה (חָיָה)
rain (n.)	מָטָר
water	מַיִם
to sell	מָכַר
full	מָלֵא
angel, messenger	מַלְאָךְ
work, artisanship	מְלָאכָה
dominion, reign	מֶמְשָׁלָה
rest (n.)	מָנוֹחַ (נוּחַ)
fodder	מִסְפּוֹא
fountain, spring	מַעְיָן (מַעְיָנוֹת)
from above, above	מֵעַל
because of	מִפְּנֵי
to find	מָצָא
pillar, monument	מַצֵּבָה
Egyptian	מִצְרִי
Egypt	מִצְרַיִם
place	מָקוֹם
at the end of	מִקֵּץ, מִקְצֵה
sight, appearance	מַרְאֶה (רָאָה)
the place at the head, head-place	מְרַאֲשׁוֹת
Moriah (place name)	מֹרִיָּה
chariot	מֶרְכָּבָה (מַרְכָּבוֹת)
portion	מַשְׂאֵת (מַשְׂאוֹת)
to pull, draw along	מָשַׁךְ
to rule	מָשַׁל
jail, ward	מִשְׁמָר (מִשְׁמָרוֹת)
family, tribe	מִשְׁפָּחָה (מִשְׁפָּחוֹת)
under, from beneath	מִתַּחַת
loins	מָתְנַיִם

נ

declaration, utterance, oracle	נְאֻם
to be frightened	נִבְהַל (בהל)
discreet	נָבוֹן (בִּין)
south	נֶגֶב
to declare, tell	נגד, הִגִּיד
opposite	נֶגֶד
to touch	נָגַע
to arrive, reach	הִגִּיעַ
to approach, draw near	נָגַשׁ
to vow	נָדַר
vow (n.)	נֶדֶר
to rest	נוּחַ
to give rest, to place	הֵנִיחַ
to flee	נוּס
fearful, awe-inspiring	נוֹרָא (ירא)
to be disinherited	נוֹרַשׁ (ירשׁ)
Noah	נֹחַ
to comfort	נִחַם

to be troubled	נִפְעַם (פעם)
soul, life	נֶפֶשׁ
to be stationed, standing	נִצַּב
female	נְקֵבָה
to appear, be seen	נִרְאָה (רָאָה)
to lift, carry	נָשָׂא
to swear, make an oath	נִשְׁבַּע (שׁבע)
breath, soul	נְשָׁמָה
to kiss	נָשַׁק, נִשֵּׁק
to give	נָתַן
to be comforted	הִתְנַחֵם
pleasant	נֶחְמָד
snake	נָחָשׁ (נְחָשִׁים)
to extend	נָטָה
to plant	נָטַע
spice	נְכֹאת
to recognize	נכר, הִכִּיר
to try, tempt	נִסָּה
to be grieved	נֶעֱצַב (עצב)
boy, young man	נַעַר
to breathe	נָפַח
to fall	נָפַל

ס

ladder	סֻלָּם
to count	סָפַר
to tell, recount	סִפֵּר
officer, eunuch	סָרִיס
to go round, to surround	סָבַב
thicket	סְבָךְ
to close	סָגַר
trader	סוֹחֵר (סוֹחֲרִים)

ע

eye	עַיִן (עֵינַיִם)
naked	עֵירֹם (עֵירֻמִּים)
leaf	עָלֶה (עָלִים)
sacrifice	עֹלָה (עֹלוֹת)
to go up	עָלָה
upon the face of	עַל־פְּנֵי
to stand	עָמַד
with me	עִמָּדִי
to answer	עָנָה
dust of the ground, earth	עָפָר
to serve, work	עָבַד
servant	עֶבֶד
to pass	עָבַר
Hebrew	עִבְרִי
wagon	עֲגָלָה (עֲגָלוֹת)
fowl, bird	עוֹף (עוֹפוֹת)
goat	עֵז (עִזִּים)
to leave, abandon	עָזַב
to help	עָזַר
help (n.)	עֵזֶר

tree — עֵץ (עֵצִים)
to grieve — עצב, נֶעֱצַב
bone — עֶצֶם (עֲצָמוֹת)
because (conj.) — עֵקֶב אֲשֶׁר
to bind — עָקַד
evening — עֶרֶב
raven — עֹרֵב
naked — עָרוֹם (עֲרֻמִּים)
subtle, cunning — עָרוּם (עֲרוּמִים)
to arrange, set in order — עָרַךְ
grass, herb — עֵשֶׂב
to do, make — עָשָׂה
tenth — עֲשִׂירִי
to tithe, give a tenth — עִשֵּׂר
ten (f.) — עֶשֶׂר
ten (m.) — עֲשָׂרָה

פ

to reach, meet — פָּגַע
here — פֹּה
to grow numb — פוּג
deliverance — פְּלֵיטָה
lest — פֶּן
the face of — פְּנֵי
face — פָּנִים
stripe — פַּס (פַּסִּים)
to be troubled — פעם, נִפְעַם
a time, once — פַּעַם (פְּעָמִים)
to appoint — פקד, הִפְקִיד
to open (the eyes) — פָּקַח
overseer — פָּקִיד (פְּקִידִים)
cow — פָּרָה (פָּרוֹת)
fruit — פְּרִי (פֵּרוֹת)
to burst out — פָּרַץ
to strip off — פשט, הִפְשִׁיט
to open — פָּתַח
to interpret — פָּתַר
interpretation — פִּתְרוֹן (פִּתְרוֹנִים)

צ

sheep, flock — צֹאן
provision — צֵדָה
righteous — צַדִּיק
noon — צָהֳרַיִם
neck — צַוָּאר (צַוָּארַיִם)
to command — צִוָּה
to laugh — צָחַק
to make sport, mock — צִחֵק
to succeed, make prosper — צלח, הִצְלִיחַ
image — צֶלֶם (צְלָמִים)
rib — צֵלָע (צְלָעוֹת)
to grow, spring up — צָמַח
young — צָעִיר
youth — צְעִירָה
north — צָפוֹן
balm — צְרִי

ק

to bow one's head	קָדַד
east wind	קָדִים
east	קֶדֶם
to make holy, sanctify	קִדֵּשׁ
voice, sound	קוֹל (קוֹלוֹת)
light, easy	קַל
to become light	קָלַל
to be jealous	קִנֵּא
stalk	קָנֶה (קָנִים)
to buy, acquire	קָנָה
end	קֵץ
harvest	קָצִיר
to become angry	קָצַף
to read, call	קָרָא
near	קָרוֹב
horn	קֶרֶן (קַרְנַיִם)
to tear	קָרַע

ר

to see	רָאָה
to appear, be seen	נִרְאָה
to show	הֶרְאָה
head	רֹאשׁ (רָאשִׁים)
many, multitude	רֹב
to increase	רָבָה
fourth	רְבִיעִי
to be agitated	רָגַז
foot, leg	רֶגֶל (רַגְלַיִם)
wind, spirit	רוּחַ (רוּחוֹת)
to be high	רוּם
to raise up	הֵרִים
to run	רוּץ
to make hurry	הֵרִיץ
far	רָחוֹק
love, mercy (pl. only)	רַחֲמִים
to hover	רִחֵף
to wash	רָחַץ
to creep	רָמַשׂ
friend, neighbor	רֵעַ (רֵעִים)
evil	רַע
famine	רָעָב
to feed (animals)	רָעָה
shepherd	רֹעֶה
empty	רֵק (ריק)
only (adv.)	רַק (רקק)
thin (adj.)	רַק (רקק)
firmament	רָקִיעַ

שׂ

plenty, satiety	שָׂבָע
field	שָׂדֶה (שָׂדוֹת)
lamb	שֶׂה
to put, to place	שׂוּם (or שִׂים)
shrub	שִׂיחַ
to put	שִׂים

garment	שִׂמְלָה (שְׂמָלוֹת)
to hate	שָׂנֵא
he-goat	שָׂעִיר
lip	שָׂפָה (שְׂפָתַיִם)
language, shore	שָׂפָה (שָׂפוֹת)
sackcloth	שַׂק
officer, captain	שַׂר

שׁ

to ask	שָׁאַל
Sheol	שְׁאֹל
remnant	שְׁאֵרִית
sit! (imperative)	שְׁבוּ (יָשַׁב)
seventh	שְׁבִיעִי
ear of corn	שִׁבֹּלֶת (שִׁבֳּלִים)
to swear, make oath	שׁבע, נִשְׁבַּע
seventeen (m.)	שִׁבְעָה־עָשָׂר
seventeen (f.)	שְׁבַע־עֶשְׂרֵה
to rest	שָׁבַת
scorched, blasted	שָׁדוּף
to return	שׁוּב
to restore	הֵשִׁיב (שׁוּב)
to bow	שׁחה, הִשְׁתַּחֲוָה
to slay	שָׁחַט
to set	שִׁית
to lie down	שָׁכַב
to forget	שָׁכַח
to get up early	שׁכם, הִשְׁכִּים
to become drunken	שָׁכַר
peace, welfare	שָׁלוֹם
three (f.)	שָׁלוֹשׁ
to send	שָׁלַח
to send away	שִׁלַּח
third (m.)	שְׁלִישִׁי
to cast	שׁלך, הִשְׁלִיךְ
three (m.)	שְׁלֹשָׁה
there	שָׁם
name	שֵׁם (שֵׁמוֹת)
heavens, sky	שָׁמַיִם
to hear	שָׁמַע
to guard	שָׁמַר
sun	שֶׁמֶשׁ
year	שָׁנָה (שָׁנִים)
sleep	שֵׁנָה (יָשַׁן)
second (m.)	שֵׁנִי (שְׁנַיִם)
two	שְׁנַיִם
a second time	שֵׁנִית (שְׁנַיִם)
gate	שַׁעַר
to serve	שֵׁרֵת
six (f.)	שֵׁשׁ
six (m.)	שִׁשָּׁה
sixth (m.)	שִׁשִּׁי
to drink	שָׁתָה

ת

delight	תַּאֲוָה (אוה)
fig, fig tree	תְּאֵנָה
form	תֹּאַר
ark	תֵּבָה

to marvel, be astonished	תָּמַהּ
to sew	תָּפַר
to catch, seize	תָּפַשׂ
deep sleep	תַּרְדֵּמָה

unformed	תֹּהוּ (תהה)
abyss, deep	תְּהוֹם
generations	תּוֹלְדוֹת (יָלַד)
abomination	תּוֹעֵבָה (תּוֹעֵבוֹת)
under, instead of	תַּחַת
to hang	תָּלָה

Stone containing Egyptian hieroglyphics.

Appendix Five
English-Hebrew Vocabulary

The words in this section are listed according to the English alphabet. Verbs are listed in the infinitive form in English and in the perfect third-person singular masculine in Hebrew; for example, *to acquire* קָנָה. The exception to this is Qal ע״ו verbs, which are listed by root; e.g., *to come* בּוֹא.

A

to abandon	עָזַב	among	בֵּין, בְּקֶרֶב
to be able	יָכֹל	angel	מַלְאָךְ
abomination	תּוֹעֵבָה	anger	אַף, קֶצֶף
above	מֵעַל	to be angry	קָצַף
Abraham	אַבְרָהָם	animal	חַיָּה, בְּהֵמָה
to be absent	חָסַר	another	אַחֵר
abyss	תְּהוֹם	to answer	עָנָה
to acquire	קָנָה	anything	מְאוּמָה
Adam	אָדָם	to appear	נִרְאָה (ראה)
to add	יָסַף, הוֹסִיף	appearance	מַרְאֶה
to be afraid	יָרֵא	to appoint	הִפְקִיד (פקד)
after	אַחַר, אַחֲרֵי	to approach	נָגַשׁ
to be agitated	רָגַז	apron	חֲגוֹרָה
alive	חַי	Ararat (Mt.)	אֲרָרָט
all, all of them	כֹּל, כֻּלָּם	ark	תֵּבָה
alone	לְבַד	to arrange	עָרַךְ
altar	מִזְבֵּחַ	to arrive	הִגִּיעַ (נגע)

160

to ask	שָׁאַל
ass	חֲמוֹר
she-ass	אָתוֹן
to be astonished	תָּמַהּ
to awake	יָקַץ
awe-inspiring	נוֹרָא

B

balm	צְרִי
bank (of a river)	שָׂפָה (שָׂפוֹת)
to be	הָיָה
beast	בְּעִיר
beautiful	יָפֶה
because (conj.)	עֵקֶב, אֲשֶׁר, יַעַן אֲשֶׁר, כִּי
because of	מִפְּנֵי, בִּגְלַל, יַעַן
Beer-sheba	בְּאֵר שֶׁבַע
before	לִפְנֵי, בְּטֶרֶם
before me	לְפָנַי
beginning	רֵאשִׁית
behold!	הִנֵּה
being (infinitive)	הֱיוֹת (הָיָה)
to believe	הֶאֱמִין (אמן)
Bethel (House of God)	בֵּית־אֵל
between	בֵּין
Bilhah	בִּלְהָה
to bind	עָקַד, אָסַר
to bind sheaves	אִלֵּם
bird	עוֹף (עוֹפוֹת)
birthright	בְּכוֹרָה
to bless	בֵּרֵךְ
blessing (n.)	בְּרָכָה
to be blessed	הִתְבָּרֵךְ (ברך)
to blot out	מָחָה
bodyguard	טַבָּח
bone	עֶצֶם (עֲצָמוֹת)
to bow down	הִשְׁתַּחֲוָה (שחה)
to bow one's head	קָדַד
boy	נַעַר
bread	לֶחֶם
breath	נְשָׁמָה
to breathe	נָפַח
to bring	הֵבִיא (בוא)
to bring down	הוֹרִיד (ירד)
to bring out	הוֹצִיא (יצא)
to bring over	הֶעֱבִיר (עבר)
brother	אָח (אַחִים)
to be brought down	הוּרַד (ירד)
to build	בָּנָה
to burn	חָרָה
to burst out	פָּרַץ
to buy	קָנָה
bystander	נִצָּב

C

to call	קָרָא
camel	גָּמָל (גְּמַלִּים)
Canaan	כְּנַעַן
caravan	אֹרְחָה

to carry	נָשָׂא
to cast	הִשְׁלִיךְ (שלך)
to catch	תָּפַשׂ
cattle	בְּהֵמָה, בָּקָר, בְּעִיר
to cease	שָׁבַת
to change	חִלֵּף
change	חֲלִיפָה
chariot	מֶרְכָּבָה (מֶרְכָּבוֹת)
children	טַף
chimney	אֲרֻבָּה
clean	טָהוֹר
to cleave, split	בָּקַע
to close	סָגַר
to come	בּוֹא
to come down	יָרַד
to comfort	נִחַם
to command	צִוָּה
to consume	כִּלָּה
corn	בָּר
to count	סָפַר
to cover	כִּסָּה
cow	פָּרָה (פָּרוֹת)
to create	בָּרָא
to creep	רָמַשׂ
to cry	בָּכָה
cunning	עָרוּם (ערם)

D

darkness	חֹשֶׁךְ
daughter	בַּת (בָּנוֹת)
day	יוֹם (יָמִים)
to deceive	הִשִּׁיא (נשא)
to declare	הִגִּיד (נגד)
decreasing (infinitive)	חָסוֹר (חָסֵר)
deep, sea (n.)	תְּהוֹם
delight (n.)	תַּאֲוָה (אוה)
deliverance	פְּלֵיטָה
to descend	יָרַד
to die	מוּת
to dip	טָבַל
discreet	נָבוֹן (בין)
to be disinherited	נוֹרַשׁ (ירשׁ)
to divide, separate	הִבְדִּיל (בדל)
to do	עָשָׂה
dominion, rule	מֶמְשָׁלָה
donkey	חֲמוֹר
do not!	אַל
dove	יוֹנָה
to dream	חָלַם
dream (n.)	חֲלוֹם (חֲלוֹמוֹת)
dress, garment	שִׂמְלָה (שְׂמָלוֹת)
to drink	שָׁתָה
to be drunk	שָׁכַר
to be dry	יָבֵשׁ
drying of	יְבֹשֶׁת
dust (of the ground)	עָפָר
to dwell	גּוּר

E

ear of corn	שִׁבֹּלֶת (שִׁבֳּלִים)
earth	אֶרֶץ (אֲרָצוֹת), אֲדָמָה, עָפָר
east	קֶדֶם
east wind	קָדִים
easy	קַל
to eat	אָכַל
Egypt	מִצְרַיִם
Egyptian	מִצְרִי
eleven (m.)	אַחַד־עָשָׂר
empty (adj.)	רֵק
end	קֵץ
evening	עֶרֶב
evil	רָע
evil report	דִּבָּה
to extend	נָטָה
eye	עַיִן (עֵינַיִם)

F

face	פָּנִים
to fall	נָפַל
family	מִשְׁפָּחָה
famine	רָעָב
far	רָחוֹק
fat (n.)	חֵלֶב
father	אָב (אָבוֹת)
to fear	יָרֵא
fearful	נוֹרָא
to feed (animals)	רָעָה
female	נְקֵבָה
few (m.)	אֲחָדִים
field	שָׂדֶה (שָׂדוֹת)
fifty	חֲמִשִּׁים
fig, fig tree	תְּאֵנָה
to find	מָצָא
fire	אֵשׁ
firmament	רָקִיעַ
first-born	בְּכוֹר
to flee	נוּס
flesh	בָּשָׂר
flock	צֹאן
flood	מַבּוּל
fodder	מִסְפּוֹא
food	מַאֲכָל, מָזוֹן
foot	רֶגֶל (רַגְלַיִם)
to forget	שָׁכַח
to form	יָצַר
form (n.)	תֹּאַר
forty	אַרְבָּעִים
fountain	מַעְיָן (מַעְיָנוֹת)
four (m.)	אַרְבָּעָה
fourth (m.)	רְבִיעִי
fowl	עוֹף (עוֹפוֹת)
friend	רֵעַ (רֵעִים)
to be frightened	נִבְהַל (בהל)
from afar	מֵרָחוֹק
fruit	פְּרִי (פֵּרוֹת)
full	מָלֵא

G

garden גַּן
garment בֶּגֶד, שִׂמְלָה
gate שַׁעַר
generation דּוֹר (דּוֹרוֹת)
generations תּוֹלְדוֹת (ילד), דּוֹרוֹת
to get up קוּם
to get up early הִשְׁכִּים (שׁכם)
girdle חֲגוֹרָה
to give נָתַן
to give rest הֵנִיחַ (נוּחַ)
glory כָּבוֹד
to go הָלַךְ
going (infinitive) הָלוֹךְ
go! (imperative) לֵךְ (הָלַךְ)
to go around, about הִתְהַלֵּךְ
to go down יָרַד
to go out יָצָא
to go up עָלָה
goat עֵז (עִזִּים)
he-goat שָׂעִיר
God אֱלֹהִים
going out (infinitive) יָצוֹא
to be good יָטַב
good (adj.) טוֹב
good things טוּב
to be gracious חָנַן
to grasp אָחַז
grass, herb עֵשֶׂב
great גָּדוֹל
to be grieved נֶעֱצַב (עצב)
ground אֲדָמָה
to grow צָמַח
to grow numb פּוּג
to guard שָׁמַר

H

to hang תָּלָה
Haran (brother of Abram) הָרָן
to harness אָסַר
harvest קָצִיר
to hasten מִהֵר
to hate שָׂנֵא
head רֹאשׁ (רָאשִׁים)
healthy בָּרִיא
to hear שָׁמַע
heart לֵב (לִבּוֹת)
heaven שָׁמַיִם
heavy, grievous כָּבֵד
Hebrew עִבְרִי
to help עָזַר
help (n.) עֵזֶר
herds בָּקָר
here פֹּה
here I am הִנֵּנִי (הִנֵּה)
to hide חָבָא
to hide oneself הִתְחַבֵּא
to hold אָחַז
honor כָּבוֹד
horn קֶרֶן (קְרָנַיִם)

house	בַּיִת (בָּתִּים)
to hover	רִחֵף
hundred	מֵאָה (מֵאוֹת)
to hurry (tr. v.), make run	הֵרִיץ (רוּץ)
to hurry (intr. v.)	מִהֵר

I

image	צֶלֶם (צְלָמִים)
to imprison	כָּלָא
to increase	רָבָה, הִרְבָּה
to increase, add	הוֹסִיף (יסף)
indeed	אָכֵן
to inhabit	גּוּר
to inherit, possess	יָרַשׁ
inside	בְּתוֹךְ
to interpret	פָּתַר
interpretation	פִּתְרוֹן
Isaac	יִצְחָק

J

Jacob	יַעֲקֹב
jail	בֵּית סֹהַר, מִשְׁמָר
to be jealous	קִנֵּא
Joseph	יוֹסֵף

K

to keep alive	חִיָּה, הֶחֱיָה (חָיָה)
kindness	חֶסֶד
to kiss	נָשַׁק
knife	מַאֲכֶלֶת
to know	יָדַע
knowledge	דַּעַת (ידע)

L

to lack	חָסַר
lacking (infinitive)	חָסוֹר (חָסַר)
ladder	סֻלָּם
lamb	שֶׂה
land, earth	אֶרֶץ (אֲרָצוֹת)
language	שָׂפָה (שָׂפוֹת)
large	גָּדוֹל
to laugh	צָחַק
leaf	עָלֶה (עָלִים)
to leave	עָזַב
lest	פֶּן
to lie down	שָׁכַב
life	חַיִּים
to lift	נָשָׂא

light, easy	קַל
light (n.)	אוֹר (אוֹרוֹת)
to light	הֵאִיר (אוֹר)
light, luminary (n.)	מָאוֹר (מְאוֹרוֹת)
lip	שָׂפָה (שְׂפָתַיִם)
to live	חָיָה
to live, dwell	גּוּר
living substance	יְקוּם
lo! behold!	הִנֵּה
to load	טָעַן
to lock	כָּלָא
loins	מָתְנַיִם
lord	אָדוֹן (אֲדוֹנִים)
to love	אָהַב
Luz (place name)	לוּז

M

magician	חַרְטֹם (חַרְטֻמִּים)
to make	עָשָׂה
male	זָכָר
man	אִישׁ (אֲנָשִׁים), אָדָם
to marvel	תָּמַהּ
to meet	פָּגַע בְּ–
to mention	הִזְכִּיר (זכר)
mercy	רַחֲמִים
messenger	מַלְאָךְ
midst	קֶרֶב, תָּוֶךְ (תּוֹךְ)
mighty	גָּדוֹל
mist	אֵד
to mock, make sport of	צִחֵק
money	כֶּסֶף (כְּסָפִים)
month	חֹדֶשׁ (חֳדָשִׁים)
monument	מַצֵּבָה
moon	יָרֵחַ
Moriah (place name)	מֹרִיָּה
morning	בֹּקֶר
mountain	הַר (הָרִים)
to mourn	הִתְאַבֵּל (אבל)
multitude	רֹב
myrrh	לֹט

N

naked	עֵירֹם, עָרוֹם (עוּר)
name	שֵׁם (שֵׁמוֹת)
nation, people	גּוֹי
near, beside	קָרוֹב, אֵצֶל
neck	צַוָּאר (צַוָּארַיִם)
night	לַיְלָה (לֵילוֹת)
Nile River	יְאוֹר
Noah	נֹחַ
noon	צָהֳרַיִם
north	צָפוֹן
nose, although	אַף
nostrils	אַפַּיִם
not	לֹא, אַיִן
not yet	טֶרֶם

O

office כַּן, כֵּן
officer שַׂר, סָרִיס
old זָקֵן
once פַּעַם
one (m.) אֶחָד (אֲחָדִים)
one (f.) אַחַת
only, single (adj.) יָחִיד
only, but (adv.) רַק
to open פָּתַח
to open (usually the eyes) פָּקַח
opposite to, in front of נֶגֶד
other אַחֵר
outside חוּץ
overseer פָּקִיד

P

to pass עָבַר
peace שָׁלוֹם
pigeon יוֹנָה
pillar מַצֵּבָה
pit בּוֹר
to pity חוּס
to place שִׂים, הֵנִיחַ (נוּחַ)
place (n.) מָקוֹם (מְקוֹמוֹת)
to plant נָטַע
pleasant נֶחְמָד
to be pleasing יָטַב
plenty שָׂבָע
plowing (n.) חָרִישׁ
portion מַשְׂאֵת (מַשְׂאוֹת)
to possess יָרַשׁ
to pour יָצַק
preservation מִחְיָה
pretty נֶחְמָד
prison בֵּית־סֹהַר
prisoners אֲסִירִים
profit בֶּצַע
provision צֵידָה
to pull מָשַׁךְ
pure טָהוֹר
to put שִׂים, הֵנִיחַ (נוּחַ)

R

rain גֶּשֶׁם, מָטָר
to raise הֵרִים (רוּם)
ram אַיִל (אֵילִים)
raven עוֹרֵב
to reach פָּגַע בְּ–, הִגִּיעַ
to rebuke גָּעַר
to recognize הִכִּיר (נָכַר)
reed grass אָחוּ

to refuse	מֵאֵן
reign	מֶמְשָׁלָה
to remember	זָכַר
to remind	הִזְכִּיר (זָכַר)
remnant	שְׁאֵרִית
report (of evil doing)	דִּבָּה
to request	בִּקֵּשׁ
to rest	נוּחַ, שָׁבַת
rest (n.)	מָנוֹחַ (נוּחַ)
to restore	הֵשִׁיב (שׁוּב)
to restrain oneself	הִתְאַפֵּק (אפק)
to return	שׁוּב
to reveal oneself	הִתְוַדַּע (ידע)
rib	צֵלָע (צְלָעוֹת)
righteous	צַדִּיק
to rise	קוּם
to rise early	הִשְׁכִּים (שׁכם)
river	נָהָר, יְאוֹר
room	חֶדֶר
to rule	מָשַׁל
to run	רוּץ

S

sackcloth	שַׂק
sacrifice	זֶבַח, עֹלָה
to saddle	חָבַשׁ
to sanctify	קִדֵּשׁ
sand	חוֹל
to say	אָמַר, הִגִּיד (נגד)
saying (infinitive)	לֵאמֹר
saying (n.)	נְאוּם
to scold	גָּעַר
scorched	שָׁדוּף
sea	יָם (יַמִּים)
season	מוֹעֵד (מוֹעֲדִים)
second (n.)	שֵׁנִי (שְׁנַיִם)
second (adj.)	שֵׁנִית (שְׁנַיִם)
to see	רָאָה
see! behold! lo!	הִנֵּה
seed	זֶרַע
to seek	בִּקֵּשׁ
to seize	תָּפַשׂ, אָחַז
to sell	מָכַר
to send, stretch out	שָׁלַח
separately	לְבַד (בָּדָד)
serpent	נָחָשׁ
servant	עֶבֶד
to serve	עָבַד, שֵׁרֵת
to set	שִׁית
to set in order	עָרַךְ
seventeen (m.)	שִׁבְעָה־עָשָׂר
seventeen (f.)	שְׁבַע־עֶשְׂרֵה
seventh (m.)	שְׁבִיעִי
to sew	תָּפַר
to shave	גִּלֵּחַ
sheaf	אֲלֻמָּה
she-ass	אָתוֹן
sheep, flock	צֹאן
shepherd	רֹעֶה
shirt, cloak	כְּתֹנֶת
shore, edge	שָׂפָה

to show	הֶרְאָה (ראה)
shrub	שִׂיחַ
sight	מַרְאֶה (ראה)
sign	אוֹת (אוֹתוֹת)
silver	כֶּסֶף
to sin	חָטָא
sin (n.)	חֵטְא (חֲטָאִים)
single, only (adj.)	יָחִיד
to sit	יָשַׁב
sit! (imperative)	שֵׁב (יָשַׁב)
six (m.)	שִׁשָּׁה
six (f.)	שֵׁשׁ
sixth (m.)	שִׁשִּׁי
sky	שָׁמַיִם
to slay	שָׁחַט
to sleep	יָשֵׁן
sleep (n.)	שֵׁנָה
deep sleep	תַּרְדֵּמָה
snake	נָחָשׁ
soil	אֲדָמָה
sole of the foot	כַּף רֶגֶל
something	מְאוּמָה
son	בֵּן (בָּנִים)
soul	נֶפֶשׁ, נְשָׁמָה
south	נֶגֶב
to spare, save, withhold	חָשַׂךְ
to speak	דִּבֶּר
to spend the night	לוּן
spice	נְכֹאת
spirit	רוּחַ (רוּחוֹת)
to split	בָּקַע
to spring up	צָמַח
stalk	קָנֶה (קָנִים)
to stand	עָמַד
to stand, hold a position	הִתְיַצֵּב (יָצַב)
star	כּוֹכָב (כּוֹכָבִים)
to strip off	הִפְשִׁיט (פָּשַׁט)
stripe	פַּס (פַּסִּים)
strong	חָזָק (חֲזָקִים)
to subside	חָסַר
subtle, cunning	עָרוּם (עֲרוּמִים)
to succeed	הִצְלִיחַ (צלח)
sun	שֶׁמֶשׁ
to surround, go around	סָבַב
to sustain	כִּלְכֵּל (כּוּל)
to swallow	בָּלַע
to swear, make an oath	נִשְׁבַּע (שׁבע)

T

to take	לָקַח
to take out	הוֹצִיא (יָצָא)
to tear	קָרַע
to tear prey	טָרַף
to tell, explain	הִגִּיד (נגד), סִפֵּר
temporary abode, sojourn	מָגוּר (מְגוּרִים)
ten (m.)	עֲשָׂרָה

tenth	עֲשִׂירִי
that (conj.)	כִּי
that, which	אֲשֶׁר
there	שָׁם
thicket	סְבָךְ
thin	דַּק, רַק
thing, word	דָּבָר
third (m.)	שְׁלִישִׁי
this (m.)	זֶה
this (f.)	זֹאת
three (m.)	שְׁלֹשָׁה
to throw	הִפִּיל (נָפַל)
thus, so	כֵּן
to tithe, give a tenth of	עִשֵּׂר
together	יַחַד, יַחְדָּו
tool, utensil, vessel	כְּלִי (כֵּלִים)
to touch	נָגַע
toward, against	לִקְרַאת
trader	סוֹחֵר
tree(s), wood	עֵץ (עֵצִים)
tribe	מִשְׁפָּחָה
to be troubled	נִפְעַם (פעם)
to try, tempt	נִסָּה
two (m.)	שְׁנַיִם

U

under, instead of	תַּחַת
under, from beneath	מִתַּחַת
unformed	תֹּהוּ
upon the face of	עַל-פְּנֵי
utterance	נְאוּם

V

vapor	אֵד
very	מְאֹד
vessel	כְּלִי (כֵּלִים)
voice	קוֹל (קוֹלוֹת)
void	בֹּהוּ
to vow	נָדַר
vow (n.)	נֶדֶר

W

wagon	עֲגָלָה
ward, prison	מִשְׁמָר
to wash	רָחַץ
to water, give drink	הִשְׁקָה (שקה)
water (n.)	מַיִם
way	דֶּרֶךְ (דְּרָכִים)
to wear	לָבַשׁ
to weep	בָּכָה
weeping (n.)	בְּכִי
welfare	שָׁלוֹם

west, sea	יָם
what?	מָה
where?	אַיֵּה, אָנָה
which, that	אֲשֶׁר
wind	רוּחַ (רוּחוֹת)
window	חַלּוֹן (חַלּוֹנוֹת), אֲרֻבָּה
wise	חָכָם
with, near, beside	עִם, אֵצֶל
with me	עִמָּדִי
to withhold	חָשַׂךְ
woman	אִשָּׁה (נָשִׁים)
word, thing	דָּבָר
to work	עָבַד
work (n.)	מְלָאכָה

Y

year	שָׁנָה (שָׁנִים)
young	צָעִיר
young man	נַעַר
youth	צְעִירָה

Z

Zilpah	זִלְפָּה

Appendix Six

Key to Self-Correcting Exercises

LESSON 1

1. בָּנָה הָאָח אֶת־הַבַּיִת
2. בָּרָא אֱלֹהִים אֵת הָאָרֶץ
3. רָאָה הָאִישׁ אֶת־הָאוֹר
4. אָכְלָה הָאִשָּׁה אֶת־הַתַּפּוּחַ
5. בָּרָא אֱלֹהִים אֶת־הָאָדָם
6. רָאָה הָאִישׁ אֶת־הַבַּיִת
7. אָכְלוּ הָאֲנָשִׁים אֶת־הַלֶּחֶם
8. מָצָא הָאָח אֶת־הַסֵּפֶר
9. וַיַּרְא הָאִישׁ אֶת־הַחֹשֶׁךְ
10. וַיַּעַשׂ אֱלֹהִים אֶת־הָרָקִיעַ

LESSON 2

1. וַיִּקַּח אֶת־הָאִשָּׁה
2. וַיַּרְא אֶת־הַכּוֹכָבִים
3. וַיַּעַן הָאִישׁ
4. וַיְחִי הָאָב שִׁבְעִים וְחָמֵשׁ שָׁנִים
5. וַיַּעַשׂ אֱלֹהִים אֶת־הַחֹשֶׁךְ
6. וַיִּקְרָא לָאוֹר יוֹם
7. וַיִּפֶן אֶל־הָאִישׁ
8. וַיִּבֶן אֶת־הַבַּיִת
9. וַיַּעַל אֶל־הָהָר
10. וַיִּבְרָא אֶת־הָאָדָם בְּצַלְמוֹ

LESSON 3

1. וַיָּשֶׂם and he placed
2. וַיִּטַּע and he planted
3. וַיְהִי and he was
4. וַיַּרְא and he saw
5. וַיִּקְרָא and he called
6. וַיֹּאמֶר and he said
7. וַיַּעַשׂ and he did
8. וַיִּבֶן and he built
9. וַיִּפַּח and he blew
10. וַיַּעַן and he answered

LESSON 4

.1 דְּבַר הַבֵּן

.2 בֵּית הָאָב

.3 עֵץ הַדַּעַת

.4 אוֹר הַיּוֹם

.5 פְּנֵי הָאִישׁ

.6 מֶמְשֶׁלֶת הָאָרֶץ

.7 אֱלֹהֵי אַבְרָהָם

.8 יַד הָאִשָּׁה

.9 עוֹף הַשָּׁמַיִם

.10 חַיֵּי הָעָם

LESSON 5

Only the Hebrew forms are given here.

.1 אָמַר, יֹאמַר, וַיֹּאמֶר

.2 לָקַח, יִקַּח, וַיִּקַּח

.3 אָכַל, יֹאכַל, וַיֹּאכַל

.4 נָתַן, יִתֵּן, וַיִּתֵּן

.5 רָאָה, יִרְאֶה, וַיַּרְא

.6 קָרָא, יִקְרָא, וַיִּקְרָא

.7 נָגַע, יִגַּע, וַיִּגַּע

.8 הָיָה, יִהְיֶה, וַיְהִי

.9 בָּנָה, יִבְנֶה, וַיִּבֶן

.10 עָשָׂה, יַעֲשֶׂה, וַיַּעַשׂ

LESSON 7

.1 אַתְּ בַּת־שְׁלֹשִׁים שָׁנִים

.2 הוּא בֶּן־חָמֵשׁ שָׁנִים

.3 הָאִשָּׁה בַּת־עֶשְׂרִים וְשָׁלֹשׁ שָׁנִים

.4 אַבְרָהָם בֶּן־תִּשְׁעִים וְאַרְבַּע שָׁנִים

.5 הַיַּלְדָּה בַּת־יוֹם אֶחָד

.6 דָּוִד בֶּן־חֲמִשִּׁים שָׁנָה

.7 הָאֵם בַּת־שְׁמוֹנִים שָׁנָה

.8 הַבֵּן בֶּן־שְׁלֹשִׁים וּשְׁמוֹנֶה שָׁנִים

.9 הָאִשָּׁה הַזְּקֵנָה בַּת־מֵאָה שָׁנָה

.10 הָאִישׁ בֶּן־שִׁשִּׁים שָׁנָה

LESSON 8

.1 רָאָה הַנָּחָשׁ אֶת־הָעֵץ

.2 אָכְלָה הָאִשָּׁה אֶת־הַפְּרִי

.3 זָכַר הָאָב אֶת־הַחֲלוֹם

.4 הָיְתָה הָאִשָּׁה בַּשָּׂדֶה

.5 קָרְאָה הַבַּת מִן־הַסֵּפֶר

.6 זָכְרָה שָׂרָה אֶת־הַחֲלוֹם

.7 יָדַע הָאִישׁ כִּי הַפְּרִי טוֹב לְמַאֲכָל

.8 הָלְכָה הַבַּת אֶל־הַשָּׂדֶה

.9 יָשַׁב הָאָב תַּחַת הָעֵץ בַּגָּן

.10 הָיְתָה הָאִשָּׁה בַּת־עֶשְׂרִים שָׁנָה

LESSON 9

1. וַיַּנִּיחֵהוּ, וַיָּנַח אוֹתוֹ
2. וַיִּשְׁמְרֶהָ, וַיִּשְׁמֹר אוֹתָהּ
3. וַיִּקָּחֵהוּ, וַיִּקַּח אוֹתוֹ
4. וַיִּקָּחֵנִי, וַיִּקַּח אוֹתִי
5. וַיְבִיאֵנִי, וַיָּבֵא אוֹתִי
6. וַיִּקָּחֵם, וַיִּקַּח אוֹתָם
7. וַיִּזְכְּרֵהוּ, וַיִּזְכֹּר אוֹתוֹ
8. וַיְבִיאֵן, וַיָּבֵא אוֹתָן
9. וַיִּזְכְּרֶהָ, וַיִּזְכֹּר אוֹתָהּ
10. וַיִּקָּחֶהָ, וַיִּקַּח אוֹתָהּ

LESSON 10

1. הַנְּחָשִׁים הָאֵלֶּה עֲרוּמִים
2. הָאֲרָצוֹת הָאֵלֶּה יָפוֹת
3. הָאֲנָשִׁים הָאֵלֶּה טוֹבִים
4. הָאוֹרוֹת הָאֵלֶּה גְּדוֹלִים
5. הָרוּחוֹת הָאֵלֶּה חֲזָקוֹת
6. הַיָּמִים הָאֵלֶּה יָפִים
7. הַלֵּילוֹת הָאֵלֶּה טוֹבִים
8. הַסְּפָרִים הָאֵלֶּה קְדוֹשִׁים
9. הַנָּשִׁים הָאֵלֶּה טוֹבוֹת
10. הָאֲנָשִׁים הָאֵלֶּה רָעִים

Index